U0477105

CHAGALL

后浪出版公司

夏加尔

［俄罗斯］吉尔·鲍伦斯基 著
韩雯 译

CNS PUBLISHING & MEDIA | 湖南美术出版社
全国百佳图书出版单位
·长沙·

图书在版编目（CIP）数据

夏加尔 /（俄罗斯）吉尔・鲍伦斯基 (Gill Polonsky) 著；韩雯译 .
—长沙：湖南美术出版社，2017.12（2021.12 重印）
（彩色艺术经典图书馆）
ISBN 978-7-5356-8117-1

Ⅰ.①夏… Ⅱ.①吉… ②韩… Ⅲ.①夏加尔 (Chagall, Marc 1887–1985) –传记 Ⅳ.①K835.655.72

中国版本图书馆 CIP 数据核字 (2017) 第 178063 号

XIAJIAER
夏加尔

出 版 人：黄　啸
著　　者：［俄罗斯］吉尔・鲍伦斯基 (Gill Polonsky)
译　　者：韩　雯
选题策划：后浪出版公司
出版统筹：吴兴元
编辑统筹：蒋天飞
责任编辑：贺澧沙
特约编辑：张卓群
营销推广：ONEBOOK
装帧制造：墨白空间・张　萌
出版发行：湖南美术出版社　后浪出版公司
印　　刷：嘉业印刷（天津）有限公司（天津市静海区岩丰西道 8 号路）
字　　数：170 千
开　　本：635 × 965　1/8
印　　张：16
版　　次：2017 年 12 月第 1 版
印　　次：2021 年 12 月第 2 次印刷
书　　号：ISBN 978-7-5356-8117-1
定　　价：68.00 元

读者服务：reader@hinabook.com 188-1142-1266
投稿服务：onebook@hinabook.com 133-6631-2326
直销服务：buy@hinabook.com 133-6657-3072
网上订购：www.hinabook.com（后浪官网）

夏加尔生平与艺术

“我一打开卧室的窗，就看见蓝天、爱情、鲜花随她一起飘了进来。”马克·夏加尔（Marc Chagall）诗意地回忆起与挚爱贝拉（Bella）结婚前梦幻般的时刻，捕捉到其一生作品中柔情而热烈的本质。他把这一切形式溶解在色彩饱和的漩涡中——飘浮于空中的恋人、翩翩起舞的马儿、屋顶上的小提琴手。“蓝天、爱意与鲜花”——这是一个梦的世界，但并不完全是虚构的世界。在记忆中，故乡维捷布斯克（Vitebsk）是那么神秘、美好，如梦境一般。虽然它贫困落后、土里土气，却激发出画家无穷无尽的想象力，成为其灵感迸发的源泉。关于维捷布斯克的记忆沉淀在夏加尔的意识里，滋养着他的艺术创作，并以我们所熟悉的图像、颜色以及无止境的变体形式表现出来。夏加尔的一生充满喜悦和忧伤，一种深刻的思考和悲剧意蕴始终贯穿在其作品中，犹太子民所遭受的迫害与苦难在当代肖像中得到了体现，成为一种寄希望于不同未来的集体象征。夏加尔是20世纪伟大的诗人画家，是一个具有远见卓识的人，虽然他在创作中结合了各种新式流派和风格，或者说，在某些时候，甚至引领了一些流派运动，但他本人不允许以这些流派运动或者宣言来定义自己。如果说，最终是太多重复和过度想象带走了他作品的张力和原始的爆发力，他仍然是为数不多的一个可以在自己的一生中多次将无形化作有形，将难以名状的内容直观地表达，用画笔来抒写自己隐秘的内心世界和精神生活的大师。

图1

阿尔弗雷德·诺伊曼摄
马克·夏加尔

约1975年；照片；
阿尔弗雷德·诺伊曼与
伊姆加德·诺伊曼照片集；
伦敦犹太学院

1887年7月6日（或说是7日），马克·夏加尔出生在俄国一个名叫维捷布斯克的城市，家里有9个孩子，他是长子。他的父亲扎哈尔（Zachar），在夏加尔看来，只不过是个“苦工”，一辈子都在鲱鱼作坊里干活，与腌渍桶为伴。家庭的核心人物，也就是他的母亲菲嘉·伊塔（Feiga-Ite），她挨着家里开了间小杂货铺，每月能赚20卢布贴补家用。夏加尔在1915到1922年间断断续续完成自传《我的生活》（*My Life*），生动地描绘了这个世界为他带来的一切，而这些也成了他艺术创作的素材。在这本自传中，夏加尔并非单调刻板地进行叙事，他饱满深情地描绘了这个大家族的独特之处，语言风趣幽默。在夏加尔的童年时光里，家庭以绵延不绝的爱意、温暖的拥抱与柔情养育、关怀着他。夏加尔直抒胸臆，充满了诗意的遐想，为我们了解画家家庭和早年生活提供了重要线索。

《我的生活》是一块由不同记忆片段拼凑而成的马赛克，它既是有趣的、梦幻的，也是怀旧的、感伤的。夏加尔很少去表达看得见的东西，而是以可视化的语言去表达自己的感受。他写的散文同他的画作一样，具有碎片式、表现主义式的分离的特征，并惯于在真情流露时极力隐藏感情。

夏加尔完成这部回忆录时，他的父母都已经去世了，因而他的回忆中带着一抹忧郁的色彩。他为乏味而艰辛的生活哀叹不已（尤其是对他父亲）：“为什么要隐藏？该如何去谈论呢？”他写道，“没有什么话能减轻父亲的负担……他提起沉重的木桶，我看着他搬重物的样子，心像土耳其面包一样拧巴着……”在回忆录里，夏加尔写到他的弟弟妹妹、多到数不清的叔叔婶婶，以及他深切地回忆着的外祖父。夏加尔的外祖父是里奥兹诺的一个屠户，据说，外祖父喜欢在盛夏的夜晚坐在屋顶上吃胡萝卜。他是犹太教会堂唱诗班的领唱，多年以来，他动听的声音一直在夏加尔的耳边回响。夏加尔写道，“就好像油坊里的一架磨，在我的心中舞动起来！或是像一滴刚采得的蜜滴入我的心田。”

虽然夏加尔的生活并不能解释他的艺术风格，但他的个人与文化背景让他始终能将记忆与神话转化为诗意的隐喻。“我的灵魂在这里，”他写道，“过来找我吧……我的画作、我的根在这里……”然而，夏加尔逐渐意识到并最终接受了一个事实，那就是他的家人彻底忽视了他的艺术，他们认为艺术在生活中没有什么用处，用他的话来说，“在他们眼中，鲜肉更值钱”。从被误解、渴求被理解，到紧迫而坚定地寻找新出路，最终，夏加尔万般无奈地离开了维捷布斯克，虽然在情感上，他与它的联结从未中断过。尽管有些沮丧，他还是豁达地承认：“我的艺术对家人生活没什么影响，但他们的生活却极大地影响了我的艺术……只是……你有听说过传统习俗、埃克斯、割掉自己耳朵的画家、立方体、正方形，还有巴黎吗？维捷布斯克，我弃你而去。你就和腌鲱鱼待在一起吧！”

夏加尔出生的时候，俄国犹太人的活动受到很大限制。只有极个别非常富有的犹太人可以在圣彼得堡、莫斯科、基辅这样的城市里工作和生活。从 18 世纪末期到 1917 年俄国革命，大约有 500 万人被迫住在“栅栏区”（Pale of Settlement）——沙俄政府对外侵略掠夺而来的广阔土地，位于帝国西部边疆上。犹太人受到政治压迫和法律歧视，甚至频繁遭遇大屠杀，他们被要求无论发生什么情况，都不允许在“栅栏区”外活动。尽管如此，犹太人依然完整地保存了自身的宗教文化。

维捷布斯克坐落在“栅栏区”的东北角，是重要的商业中心，城里有独特的教堂、繁华的港口以及铁路枢纽，从这里前往圣彼得堡和莫斯科很方便。19 世纪末，俄国和西欧思想文化经由维捷布斯克传至“栅栏区”，对世俗的强化、启蒙运动的趋势，已然在犹太画家、作家和知识分子间得以体现。维捷布斯克人口约有 6.5 万，其中超过 50% 是犹太人，他们大多数居住在偏远地区，生活极为贫困，到处都是粗糙的木屋子，街道泥泞且坑坑洼洼。夏加尔一家与居住在“栅栏区”的大多数犹太人一样，他们讲意第绪语。由于地域的原因，哈西德派成员往往更多地与信奉哈西德教义的人保持联系，他们尊重学识，也热衷于各种娱乐活动，如唱歌、跳舞，他们性格外向、感情充沛。

夏加尔曾说过“哈西德主义的神秘感”是他艺术创作的重要来源。他指的并不是那些可以解释《圣经》中隐藏含义的深奥教义或玄妙的卡巴拉传说，而是指埃利希·诺伊曼（Erich Neumann）所说的“尘世间温暖热诚的哈西德派神秘主义”，它为天地万物间所有形式和符号提供了土壤——那是一个魔法和变身术颠覆逻辑的世界，在那里，现实转化为神话，图像表达胜于言语。哈西德主义对于夏加尔来说，代表着童年时期的“黄金国度”，符号象征和超自然现象稀疏平常、不足为奇。夏加尔从没想要逃离兰波诗中那个混合着孩子气与成人气的世界。挚爱的故乡维捷布斯克在他茫然的流亡时期滋养、支持着他，并时不时出现在他的绘画作品之中。

当然，这不是故事的全部。在那个时代，所有的传统想法均会遭到质疑，夏加尔和他同代的艺术家们在研究表达结构和建立新的观察方式上是独一无二的。凡事皆有可能。随着世俗化和启蒙进程步伐的加快，传统犹太人对于画画的对抗和排斥也开始瓦解。20 世纪初，正值发展初期的犹太先锋派（夏加尔之后也加入其中）与同时期的俄国、西欧艺术家一起向艺术传统发起挑战。之前一大批不被认可的审美源泉（无论是源自基督教、犹太教还是世俗生活），现在均可使用，包括民俗艺术、大众版画（卢布克版画）、刺绣、圣像、手抄本、墓碑以及彩绘犹太教会堂。与此同时，欧洲艺术家，比如保罗·高更（Paul Gauguin，1848—1903 年）和亨利·马蒂斯（Henri Matisse，1869—1954 年），二人均在作品中使用了大片纯色区域，以产生情绪效应和达到装饰效果，而以视觉表达神秘与诗意的象征主义艺术家开始在俄国引发强烈关注，他们的绘画复制品连同象征主义诗歌与当代音乐批评一起在艺术辑刊上被广泛传播。在几年的时间里，俄国文化在西方便产生了巨大的影响。

任何身处夏加尔位置的人都会意识到，成为艺术家简直就是一个遥不可及的梦。他生于一个对“艺术家”这个词尚可接受，但思想上对迷信和禁令太过执着的家庭。在夏加尔想要当歌手、音乐家、舞者、诗人，甚至是“幻想着到另一个世界当艺术家”之前，他的母亲已经为他规划好了人生——做一名店员或是会计，她为此花钱买通了俄国学校的一名教师，让他忽略针对犹太人的禁令，确保夏加尔的未来一切顺利。然而这样的生活对夏加尔来说没有任何意义。他不想和父亲

图 2
牛贩子

1912 年；布上油彩；
97cm×200.5cm；
巴塞尔艺术博物馆

图 3

农民的生活

1925 年；布上油彩；
100cm×81cm；
奥尔布赖特诺克斯美术馆，
布法罗，纽约；
当代艺术基金展厅

一样过刻板无趣的日子，他在耶乌达·潘（Yehuda Pen）绘画设计学校的课程上找到了出路。耶乌达是一位技艺精湛的学院派肖像画家。在此之前，夏加尔积累的全部绘画经验只是临摹杂志的插画。夏加尔在学校学了些基本技能，下意识地感觉到自己与耶乌达在创作方法和发展方向上毫无相同之处。他大胆地在绘画中运用紫罗兰色，人们感到既惊讶又兴奋，还有人提出要为他免学费，不过那时夏加尔已经决定要和朋友前往圣彼得堡。1906 年底，他揣着 27 个卢布来到圣彼得堡，那是他的父亲挥到桌子底下丢给他的，“我原谅了他”夏加尔后来在书中写道，“那是他的付出方式”。

圣彼得堡的生活对于犹太人来说是危险的，尤其是 1905 年暴乱之后。夏加尔并没有足够的权限在城市里居住和工作，开始时完全依靠众多富裕资助人的慷慨解囊，其中的一位马克斯·维纳弗尔（Max Vinaver），是杜马（俄帝时代的国会——编注）的第一位犹太议员。他对夏加尔的作品印象深刻，决定资助画家几年内在巴黎的开销，那时的巴黎，正是世界艺术之都。夏加尔在传统学院进修一年之后，他来到兹万采娃学校（Zvantseva School），师从唯美主义者列昂·巴克斯特（Léon Bakst，1866—1924 年）。巴克斯特是受象征主义启发的“艺术世界”运动（效仿之风、唯美主义、各种世俗化手法和样式主义盛行）的领导者，这一运动是当时俄国先锋派艺术的代表。不久后，巴克斯特就因出任谢尔盖·加吉列夫（Sergei Diaghilev）的俄国芭蕾舞剧团的布景及服装设计师而享誉国际，正是因为受到他的影响，夏加尔开始向往巴黎，梦想着有朝一日能目睹爱德华·马奈（Edouard Manet，1832—1883年）、克劳德·莫奈（Claude Monet，1840—1926年）、文森特·凡·高（Vincent van Gogh，1853—1890年）、高更还有保罗·塞尚（Paul Cézanne，1839—1906年）的真迹。同时，他也在圣彼得堡的博物馆和教堂里汲取灵感，城市开放的氛围、强大的同化力、诗歌朗诵会讨论以及未来新一代先锋派画家身上无休止的躁动都给予了夏加尔创作的养分。这些先锋派画家的创作冲动直指表现主义艺术，即运用“原始”变形、简单的线条与大胆、饱和的色块，达到最大程度的艺术表现力。这些画家显然受到了马蒂斯和法国野兽派毫无禁忌的色彩运用手法的影响，借鉴了俄国拜占庭传统（圣像）、民俗艺术、商店招牌以及日常用品表面装饰，有着折中的风格。

经过一段时间，夏加尔在各色传统的探索中找到一种最自然而真实的处理方式。他将犹太和俄国民俗艺术主题、基督教图像志以及当时的西欧艺术相结合，创造出自己的符号语言。在夏加尔式的世界里，视觉图像成了不同内化现实的隐喻，同时也是回忆和情感的载体。传记虽然有着神秘色彩和自我建构的意味，但对于我们了解艺术家的全部作品来说，它似乎起到了至关重要的作用。

在圣彼得堡期间，或是准确说是从圣彼得堡回维捷布斯克的途中，他遇见了未来的妻子贝拉·罗森菲尔德（Bella Rosenfeld），他们一见钟情，夏加尔以她为实践对象，尝试了多种创作风格。他开始采用一种幻觉现实主义的形式。在这种幻觉现实主义中，叙述的事件（常常很有戏剧性，但源自日常生活）有一股神秘的非现实氛围。在一系列令人费解的图像组合中，包括《死者》（彩色图版2）、《出生》（彩色图版3），处理方式仍然属于半自然主义，但昏暗的调色营造出一种明度上的神秘幻象。这突显出夏加尔对色彩表达能力的兴趣，他认为色彩可以唤起隐藏在真实世界背后的思想与情感。对于“色彩精神价值”的强调与凡·高也有关，但更重要的是，他受到了高更的影响，正如《自画像》（彩色图版1，图18）所展示的那样，他体会到了深深的亲切感。

夏加尔抵达巴黎时，正值艺术异常活跃的时期。那是个人主义的时代，先锋派画家、作家和音乐家相互间都住得很近，他们经常一起工作、讨论和切磋。当时，绘画史上的立体主义运动以帕布罗·毕加索（Pablo Picasso，1881—1973年）和乔治·布拉克（Georges Braque，1882—1963年）为起始而得到发展，他们像是两座连起来的大山，经常非常亲密地一起工作，他们对西方艺术的基本预设提出质疑。在立体主义绘画中，我们总能找出对于自然世界的引用，但这种引用是源自观念性的，而非再现性的审美视角。立体主义成为20世纪抽象绘画和非具象绘画创作的重要来源。毕加索和布拉克把流派运动的理论形成工作留给他人，特别是评论家、诗人纪尧姆·阿波利奈尔（Guillaume Apollinaire，1880—1918年），该流派运动通过讲座、文章和展览得以扩大影响，在那个时代的知识分子和艺术界中很流行。他们常在巴黎的咖啡馆和沙龙里进行各种讨论。

四天的旅行之后，夏加尔来到巴黎，他对巴黎的第一印象并不好，甚至一度想回维捷布斯克。不过在几天之内他就克服了那种情绪，开始享受着巴黎所提供的一切——博物馆、画廊、沙龙、熙熙攘攘的人

图4

祈祷的犹太人（维捷布斯克拉比）

1914年；布上油彩；
101.1cm×81cm；
卡尔·因·欧贝施泰格和约格·因·欧贝施泰格私人收藏，日内瓦

图 5
受伤的士兵

1914 年；纸板上水彩、水粉；
49cm×38cm；
私人收藏

群、车水马龙的街道……他在巴黎看到的和感受到的，比在任何学院所学到的都多。他享受着自己所处的氛围——振奋人心且有着浓烈的艺术气息，1910 年夏末的巴黎正得意忘形地大肆歌颂着先锋派的自我意识。

在巴黎，夏加尔虽然生活得很贫困，但很自由，如果是留在沙俄，他作为一个犹太人绝不会拥有这样的自由。他租下了俄国画家在蒙巴纳斯的画室，1912 年他搬到了“蜂巢”——这间破烂不堪的画室位于沃吉哈赫屠宰场附近，对于自己的住所，他曾写道，“每一寸土地都散发着波西米亚式的艺术气息”。夏加尔断断续续地读了两所艺术学校，开始创作具有个人风格的作品，手边的任何东西都拿来作画，“餐巾纸……床单……撕成碎片的睡衣”，还有比新帆布便宜的旧画册。在众多新生触觉的冲击下，俄国绘画作品中忧伤的，甚至是幽灵般的阴郁特征在夏加尔的作品中逐渐崩塌，继而转向野兽派所鼓励的浓烈而纯粹的色彩。在夏加尔早期作品，如《画室》（彩色图版 5）、《安息日》（彩色图版 4）中，凡·高的影响显而易见。颜色泼洒在画布上，用以传递情绪，而非描绘形式。在《安息日》中，幻想的元素进一步被剧烈地扭曲变形，室内蜡烛和灯散发出的诡异光芒，弗朗兹·迈耶（Franz Meyer）形容其为“弥漫着平日时光里的虚无气息”。这幅画延续了夏加尔在圣彼得堡时就开始的创作风格。其中的乡愁，包括倦怠之感，也是容易被察觉的，它们构成了那时回忆的基调，夏加尔说：“我从俄国而来，心中怀揣目标，而巴黎让它熠熠生辉起来。”

立体派严谨的图像语言并不利于夏加尔自然地发挥。对于一个毕生都在尽力为自己的作品营造地方性神话效果的画家来说，这太理性、太具有分析性了。经历了早期巴克斯特、高更以及野兽派的洗礼，现在的夏加尔希望将颜色作为瞬时性、动态性的表达手段，来展现自己的设想。他在《我的生活》中写道，“这个时代歌颂工艺艺术形式，把形式主义说成神……让他们把三角形桌上四四方方的梨拿去吃个饱吧……自然主义、印象主义和现实主义的立体主义，你们通通见鬼去吧！”虽然夏加尔斥责“现实中的一切被迫成了一种审美程序”这种盛行的教条主义，他还是开始运用立体主义的形式和空间观念以达到最佳效果。1911 年开始，他的作品中开始出现了高度幻想与非理性的图像，而上述方法成了一种控制手段。如果没有立体主义松散的构图网格加以控制与规范，图像可能会陷入一片无形的混乱之中（彩色图版 6）。因此，虽然夏加尔试图远离立体派审美，将自己的艺术描述为“狂野艺术、感情强烈、瞬息万变，蓝色的灵魂在画布上一闪而过”，但显而易见的是，在那段特殊时期里，正是立体派给予夏加尔所需要的——一种可控的结构，他可以在上面编织充满诗情画意的挂毯，编织一辈子的梦，而这一切都以想象力为支撑，令人心醉神迷。

立体派本身变得越来越模糊不清，夏加尔在《三点半（诗人）》（彩色图版 8）、《亚当与夏娃》（彩色图版 11）等作品中精心地尝试破碎、小平面的形式，并对奥费主义（或是同步主义）产生了兴趣。奥费主义（Orphism）这个名字由阿波利奈尔提出，它唤起了早期象征主义者的回忆，他们有兴趣在绘画、诗歌以及音乐之间建立对应关系，奥费主义在立体派范围内发展，其拥护者反对立体派推崇的严格单色搭配，支持 19 世纪色彩原理基础上更为抒情的艺术。这些想法得到了积极的响应，尤其是罗伯特·德劳内（Robert Delaunay，1885—1941 年），他运用这些理念来推进自己的创作，认为光及其在颜色、空间和形式上的影响有着最重要的意义。

德劳内深信“色彩本身即是形式与主题”，由此，他走上了纯色彩抽象之路。对于夏加尔来说，它是一种不同形式的突破。德劳内抽象或者是近乎抽象的构图（如《圆盘，窗户》和《圆形》）为夏加尔带来了启示：能否将透明平面（立体主义）与透明色彩（奥费主义）进行结合，作为一种新构建方法在创作中运用？这种结合恰好符合他与众不同的审美意图：展现他那个带有异域色彩的、已经失落的童年世界，那是一个构建于记忆与想象的梦幻岛上的“他者世界”（otherness）。在这里，所有的并置，不管有多大的异质性，其变形、典故隐喻、象征及创新都通过富于表现力、抒情的色彩和形式被具体化（彩色图版 9）。它们是晦涩难懂的、完全原创的图像语汇，并对 20 世纪 20 年代、30 年代的超现实主义者产生如此巨大的影响，以致超现实主义运动理论家、发表于 1924 年的《超现实主义宣言》（*Surrealist Manifesto*，超现实主义被定义为“纯粹的精神自动主义”——艺术家可随时根据自己的无意识与幻象进行表达）的作者安德烈·布勒东（André Breton，1896—1966 年）称赞夏加尔的作品“极为成功地将当代绘画中的隐喻

图 6

战争

1914 年；纸上墨汁、
涅白，用钢笔、笔刷绘制；
22cm×18cm；
卢那察尔斯基博物馆，
克拉斯诺达尔

外化”，他写道，“从没有作品会如此的魔幻……”

夏加尔从不愿意别人管他叫文学化的画家。他不讲故事（除非接受画书籍插图的委托），同时拒绝解释，他总是苦于明确地定义自己的绘画目标…… “我的首要目标，”他说，“是在框架结构上去构建我的绘画，正如印象派和立体派一样，要使用形式化的手段。印象派以光和阴影填充画布，立体派是用立方形、三角形和锥形。我尝试从物体和人物的角度，以某种方式来填充我的画布……一种像声音般响亮的形式……热情满满的形式，添加一种全新的维度和层面，是一种无论是立体派的几何结构，还是印象派的色块描绘手法都无法达到的效果。”

尽管夏加尔一向不喜欢用“文学”这样的字眼来形容他和他的绘画作品，但他和文人学士在一起时总是很自在——他通过阿波利奈尔的作家与诗人圈子，与德劳内和她的俄国妻子、艺术家索尼娅·德劳内·特尔克（Sonia Delaunay Terk，1885—1979 年）建立起友谊。在他们每周定期举行的沙龙上，夏加尔与先锋派杂志《蒙特乔依！》（*Montjoie!*）的编辑里乔托·卡努杜（Riciotto Canudo）相识，卡努杜形容他是当时最棒的色彩大师。同时夏加尔也与瑞士诗人、作家布莱斯·桑德拉尔（Blaise Cendrars）成了亲密的朋友，后者曾在圣彼得堡住了几年，俄语说得很流利。桑德拉尔带来的影响是深远的——夏加尔曾很肯定地说与桑德拉尔相识是自己一生中最重要的两件事情之一，另一件是俄国革命。桑德拉尔鼓励夏加尔在艺术中反自然主义、非理性的创作冲动，并为夏加尔在该时期创作的大量伟大绘画作品命名，名字是深奥、甚至是怪诞的。在献给夏加尔的诗《肖像画》（*Portrait*）中，桑德拉尔表达了自己对于夏加尔创作目的的透彻理解——对出乎意料、模糊不清的喜爱，毫不相关事物的任意并置以及令人惊奇的形式错位——在梦想与无意义间徘徊：

> 他遽尔提笔
> 要去礼拜，就画了座教堂
> 要去泛舟，就画了条渔船
> 船里装着沙丁鱼
> 刀子、鱼头，还有人的双手……

桑德拉尔与夏加尔交往甚密时，还有阿波利奈尔拥护、支持着他，实际上，阿波利奈尔在第一次世界大战爆发之前那至关重要的几年内，将身处巴黎的整整一代先锋派艺术家都联结了起来。阿波利奈尔第一次到“蜂巢”画室拜访夏加尔时，就被他绘画作品中“超自然”的特质吸引住了，而人们在大约十年之后才迎来“超现实主义”这一概念。他在自己的诗《*Rotsoge*》中祝贺了这位新生的陌生天才，但还是将夏加尔排除在了巴黎主流艺术家之外。他还将夏加尔引荐给柏林文艺周刊《狂飙》（*Der Sturm*）创始人兼编辑赫尔瓦特·瓦尔登（Herwarth Walden，1878—1944 年），后者还开了与杂志同名的剧院和画廊。瓦尔登是当时德国表现主义（提倡绘画作品以及文学作品要为“生命最本质”而发声，进行自发的主观性表达）最具影响力的倡导者。表现主义流派开始呈现出鲜明的特点，而夏加尔晦涩难懂的幻想作品似乎在

图 7
士兵畅饮

1912 年；布上油彩；
109cm×94.5cm；
古根海姆博物馆，纽约

这里找到了知音。

瓦尔登喜欢夏加尔作品中所呈现的一切。他同意在 1913 年的首届德国秋季沙龙展上展出夏加尔的 3 幅绘画作品，在这个展览中，欧洲先锋派的作品也得到了很好的展示，其中包括与夏加尔理念相似的德国表现主义艺术家弗朗兹·马尔克（Franz Marc，1880—1916 年），他的梦幻动物系列绘画作品（彩色图版 9，图 2、3、22）也参加了展览。1914 年夏天夏加尔在狂飙画廊举行了第一次个展，这次展览预示着他将大获成功。就是在这里，夏加尔最为杰出的作品《向阿波利奈尔致敬》（彩色图版 10）首次展出。这幅复杂而神秘的作品代表着他第一个巴黎时期创作的最高成就，该作品既是向阿波利奈尔致敬，也是向桑德拉尔、卡努杜、瓦尔登和德劳内表达谢意。

夏加尔关了他的“蜂巢”画室，前往柏林出席展会开幕式。接着他又去了俄国，本打算花 3 个月左右的时间去看望家人和未婚妻贝拉，不想战争爆发，紧接着又发生了俄国革命，这迫使他不得不推迟归期，而返程的时间并不确定。夏加尔在欧洲的艺术中心沉寂了 8 年之久，而如今，他声名鹊起。

在巴黎，对俄国的思念使夏加尔在作品中提升并美化了犹太人、农民，甚至是俄国基督徒的世界，对于欧洲观众来说，这些内容如此神秘而陌生。

与此同时，他开始在作品中引入象征巴黎的图像，比如埃菲尔铁塔，它就曾与代表俄国过去神秘传奇的图像并排出现在绘画作品中（彩色图版 13）。回到故乡维捷布斯克，他发现自己对刚离开的巴黎心怀眷恋。“就是这样，”他在《我的生活》中写道，“巴黎，你是我第二

图 8
犹太剧院介绍

1920 年；布上蛋彩、水彩、涅白；284cm×787cm；特列季亚科夫画廊，莫斯科

个维捷布斯克。”但他一开始是觉得维捷布斯克“奇怪”、“不快乐”和“无聊”的，正如《钟》（*Clock*，1914 年）描绘的那样，一个微小的身子充满渴望地从窗户探了出来——“那应该（他认可这种说法）是我唯一的故乡，我回到这里，心中感慨万千。”

夏加尔在一系列简单的家庭和乡村生活习作中记录了乡下所见的事物。他开始画犹太巡回传教士、乞丐的肖像画，传教士或乞丐路过夏加尔父母家门口，会答应摆个姿势让他画，为此还可以赚上几戈比。夏加尔敏锐地将自然主义与改进的立体派构图结合了起来，在某些作品，比如《斋日（拿着柠檬的拉比）》（彩色图版 18）和《维捷布斯克之上》（彩色图版 19）中，还结合了“超自然”元素（图像具有魔幻力量），这使他有一种凌驾于现实世界之上的感觉。这个系列中最棒的一幅《祈祷的犹太人（维捷布斯克拉比）》[*The Praying Jew*（*Robbie of Vitebsk*），图 4] 表现出纪念性主题以及对《旧约》的虔诚，令人着迷。

1915 年 3 月，夏加尔在莫斯科名为“1915 年”的展览上展出了 25 幅新作。他继续与俄国先锋派一起频繁地展出作品，作为一名杰出的年轻艺术家，他良好的声誉为他吸引来大量出手阔绰的资助人。无论是在艺术事业还是个人生活方面，1915 年发生的事对他来说都至关重要，这一年 7 月，他迎娶了贝拉。贝拉是夏加尔如影随形的伴侣和灵感来源，直到 1944 年她去世。在他余生的创作中，他一直在绘画作品中歌颂与她的爱。

在维捷布斯克附近村庄短暂的蜜月行（彩色图版 21）之后，他们搬到了彼得格勒（圣彼得堡旧称），夏加尔在那里当起了战争经济办公室文员。虽然他完全不适合这份工作，但他可以因此而免服兵役。夏加尔没有上过前线，却以众多无助、绝望的图像来刻画悲惨的战争，总的来说，他会以图形，并且只运用黑色、白色的图形来突出战争所带来的影响。“我听到、感受到了，”他写道，“战役、连续炮击声，战士们埋在了战壕里……前线的气息……土地、树木、天空、云朵、人类的血腥与残忍。”

在小画幅水彩画《受伤的士兵》（*Wounded Soldier*，图 5）中，他捕捉到了这一痛苦的精神创伤。面如土色的士兵一只胳膊绑着绷带，

图 9

夏加尔在马拉乔夫斯卡亚·别斯普利索尔尼聚居地为战争孤儿授课

约 1921 年；照片

另一只胳膊比画着，回忆着过去，旁边受伤的士兵由两位朋友搀扶着，摇摇晃晃地到了安全的地方。《受伤的士兵》和其他一些描绘凄惨战争现实的画相比较，比如《战争》（*War*，图 6）和《士兵畅饮》（*The Soldier Drinks*，图 7）。在《士兵畅饮》中，战争离夏加尔更远，那是他巴黎时期诗意般的幻想，作品的取材可以追溯到 1904 至 1905 年的日俄战争，当时士兵们被分配在民宅住宿，这其中也包括夏加尔的家。

1917 年十月革命让犹太人摆脱了束缚，也让夏加尔在人生中唯一一次登上了政治舞台。革命政治与革命艺术一致，都证明了浪漫的信念只是美好的虚幻。不过，在社会主义现实主义（苏联官方艺术风格）管制大行其道之前的几年中，艺术是愉快自由的，一切似乎皆有可能。1918 年春天，夏加尔的首部个人著作以俄文出版。那年晚些时候，曾在巴黎见过夏加尔的人民教化委员阿那托利·卢那察尔斯基（Anatoly Lunacharsky）任命夏加尔为维捷布斯克的艺术教育官员。1920 年，夏加尔离开了维捷布斯克，他与妻子和女儿伊达（Ida，1916 年出生）搬到莫斯科，他全身心地投入到艺术学院、博物馆还有其他各种项目的运营之中，让人们参与艺术创作并享受其中的乐趣。

俄国革命胜利一周年，举国上下庆祝。夏加尔为维捷布斯克筹办了超大型街头表演，随后，节日上的旗帜和标语被评论家描述为“神秘而呆板的醉汉”。人们问夏加尔为什么旗帜是绿色的母牛和会飞的马儿，“那与马克思和列宁有什么关系呢？”有人问道。最终，意识形态上的争论在艺术学校内爆发，倍感失望的夏加尔不得不离开了维捷布斯克。他太天真了，认为所有的艺术倾向都可以为学院教职员工所接纳，很快，分歧就出现了。两位俄国先锋派领军人物，夏加尔昔日的徒弟埃尔·利西茨基（El Lissitzky，1890—1947 年）、至上主义（非具象绘画，从几何元素尤其是正方块派生）富有魅力的创始人卡济米尔·马列维奇（Kazimir Malevich，1878—1935 年）带着传教士般的热情试图让夏加尔接受他们的革新观念。当夏加尔拒绝时，他们发动了对他的叛变，将学校入口处的题字从“自由学校”改为“至上主义学校”，并剥夺了夏加尔的头衔。夏加尔忿忿地写道：“当时我明白一个道理，先知在自已家乡从来不被认可。”

图 10
祖父的房子

1923 年；蚀刻版画；
20.9cm×16cm；
《我的生活》作品集，
柏林，保罗·卡西尔，
编号 110 复制品

即使存在这些问题，夏加尔仍在探索平面几何形状，后来这些成了革命艺术的代名词。尤其在他的剧院作品中，这种影响随处可见。他一向喜欢马戏团和剧院的氛围，在维捷布斯克的时候，为戏剧进行设计的愿望从未实现。如今，在莫斯科，他开始为亚历山大·加兰诺夫斯基（Alexander Granovsky）管理的国家犹太室内剧场（意第绪语剧院）工作。那是一个内战和饥荒肆虐的时代。夏加尔与他的家人住在阴暗潮湿的小屋子里，条件极为艰苦，他们和其他人一样翻着垃圾堆，希望找到哪怕一点点的生活必需品：食物和木柴。即使在这样艰苦的条件下，夏加尔仍然创作出一整套绘画作品，这些作品不仅最为出色，同时也标志着夏加尔自 20 世纪 40 年代起职业上新的发展方向。

夏加尔接受委托为剧场首演设计布景服装，这是一个三场的独幕剧，由伟大的犹太作家肖洛姆·阿莱赫姆（Sholem Aleichem）担任编剧。在夏加尔看来，这是他“消除旧式犹太剧场，心理自然主义还有假胡子”的机会。夏加尔用了大约一个星期的时间，以不计报酬、义务劳动的方式创造出一个完整的剧院环境。其中最为瞩目的是巨大的帆船壁画覆盖了会堂的天花板和墙壁，从舞台延伸到观众席。后来“夏加尔式的盒子”逐渐被人们所熟知，它确定了未来很多年里犹太剧场反自然主义、非理性的风格。

图 11
维捷布斯克的房子

1923 年；蚀刻版画；
18.9cm×24.9cm；
《我的生活》作品集，
柏林，保罗·卡西尔，
编号 110 复制品

最大的一幅壁挂画《犹太剧院介绍》（*Introduction to the Jewish Theatre*，图 8）被认为是视觉宣言，作品蕴含着复杂的引用和隐喻，是夏加尔职业生涯中这一关键时刻所有经历与成就的汇总，也预示了夏加尔在未来作品中的关注点。他运用犹太人，具体来说是哈西德人的狂欢场景，与扁平的几何形状背景形成对比，以此来表达它在"新俄国"的政治与文化处境，重申自己在维捷布斯克受挫崩溃后作为最重要先锋派成员的权威性。《犹太剧院介绍》充满着幽默的细节与彩色装饰图案，其中一些源自熟悉的图像，而另一些反映了剧院本身的功能。

无论情况多么令人沮丧绝望，夏加尔基本上一直保持着乐观的态度。"我们一无所有，但很开心"，他在《我的生活》中写道。剧院的工作结束后，他变得不受欢迎，同时，他发现俄国政治与艺术氛围愈加紧张。1921 年某个时刻，夏加尔与家人搬到马尔霍夫卡，那是莫斯科郊外战争孤儿的落脚点。在那里，他教孩子们艺术，让他们忘却战争的折磨与痛苦（图 9）。到了 1922 年夏天，情况持续恶化，夏加尔决意离开这个劣迹斑斑的"理想国度"，他通过卢那察尔斯基获得了护照（贝拉和伊达紧随其后很快得到了批准）。在立陶宛短暂停留之后，他带着画集，还有九本笔记本，里面夹着《我的生活》的底稿，来到了柏林。直到 1973 年 6 月，他才回到俄国，匆匆去了列宁格勒和莫斯科。

夏加尔发现自己有了名气。他不在柏林的时候，瓦尔登小心翼翼地出版、出售了他寄存在那里的作品，还经常在《狂飙》上对作品进行转载。他的作品大受欢迎，瓦尔登把夏加尔卖画的收入寄存在律师那里，然而，战后通货膨胀使这些款项贬值了。夏加尔发现自己既没有了画，又没有了钱，他很生气，于是开始提起诉讼想收回自己的作品。因祸得福，夏加尔收到商人保罗·卡西尔（Paul Cassirer）的邀请，委托他为《我的生活》创作插图。一旦掌握了蚀刻版画以及铜版画技巧，拿到了这笔酬劳，夏加尔就可以尽情发挥自己讲故事的天赋。

这也为夏加尔带来了职业生涯上的巨大成功，使他成了 20 世纪技巧最为娴熟，也最多产的版画家，他的作品，尤其是彩色石版画，深受大众欢迎。当《我的生活》由于文本翻译困难无法出版时，有

图 12
警察来了

1923—1927 年；
蚀刻版画；
29cm×22cm；
尼古拉·果戈理，
死魂灵，插图 25，
巴黎，帖喜雅德，
1948 年，三卷本

着二十幅蚀刻版画和干刻版画的名为《我的一生》（*Mein Leben*）的作品集于 1923 年出版（图 10、11）。

夏加尔在战争与俄国革命中幸免于难的消息不胫而走。桑德拉尔从巴黎来信，信中写道，负责开拓顶尖艺术家事业的艺术交易商、出版商安布鲁瓦兹·沃拉尔（Ambroise Vollard，1865—1939 年）想让夏加尔为书籍制作插图。1923 年 9 月，夏加尔回到了巴黎，并在接下去的几年中马不停蹄地工作，为果戈理的《死魂灵》（*Dead Souls*）创作了一系列蚀刻版画作品（图 12），这些作品表现出夏加尔对家乡深沉而特殊的情感，体现了“祖国一切大于生活本身”这一特征。沃拉尔委托夏加尔创作的插图作品还有：17 世纪法国经典作品拉封丹的《寓言集》（彩色图版 28）、《沃拉尔马戏团》（*Cirque Vollard*）和《圣经》——《圣经》插图的创作与夏加尔 1931 年的巴勒斯坦之旅紧密相关，那次旅行后，他还创作了忧郁而神秘的作品《孤独》（*Solitude*），那是一个悲伤的流亡犹太先知的形象（图 13）。“圣经信息”系列中传递出的戏剧性和诗意（大部分是夏加尔儿时的想象）与内心感受到的灵性相结合，以黑色、白色的微妙渐变（与记忆中的伦勃朗产生共鸣）的方式，展示绘画表达方式在他当时的版画作品中的界限（图 14、40）。

这些委托作品直到 1939 年沃拉尔去世之后才予以公开，是夏加尔重新在巴黎找回自己位置时重要的收入来源。因为在柏林时，他原先在“蜂巢”创作的绘画作品被人抢掠或售卖，这样的损失他不想再经历一次。他开始近乎痴迷地从记忆中、照片中或者借来的原件中复制、重复和重构自己的画。这与我们的当代信念，即艺术作品价值在于独特性相冲突。夏加尔的信仰与我们不同，他那些代表性的象征画中经常提及一个首要表意系统，即夏加尔心中统一的宇宙，无论他身处何方，记忆永远陪伴着他。与圣像一样，他再三地从个人领域中选取图像，着迷于“绘画是诗歌真正的语言”这一理念，表达出一个神秘主义者强有力的审美表现力。这些图像就是逃离世界的避难所。“如果我的画中有可以躲避的地方，我会溜进去……”夏加尔曾这样说过。

图 13

孤独

1933 年；布上油彩；
102cm×169cm；
拉维夫美术馆；
艺术家馈赠，1953 年

当夏加尔在后来继续创作这种意象或意象变体时（自该时期起，他的图像志很少发生变化，除了自 20 世纪 50 年代起，巴黎在某种程度上代替维捷布斯克而成为他的梦境之乡），随着时间的流逝，这些意象因过分频繁地使用而失去了早先的活力。夏加尔可能无意中成了自己的追随者。因此夏加尔继续找寻新媒介，寻找令人印象深刻的色彩转变（强烈的、热烈的、非自然的、形式独立的），想以此惊艳世界观众。“总的来说，”瓦西里·康定斯基（Vasily Kandinsky，1866—1944 年）写道，“颜色直接影响到人的灵魂。”而在康定斯基以音乐作类比的描述中，相信“艺术在灵魂之上”的夏加尔是格外杰出的艺术大师：“色彩是键盘，眼睛是槌，灵魂是许多琴弦组成的钢琴。艺术家是弹奏音乐的那双手，有意识地碰触一个又一个的琴键，引发灵魂的颤动。”

20 世纪 20 年代中期起，超现实主义对巴黎知识分子的生活产生了新的重要影响。夏加尔作品中奇异的变形似乎预示了超自然主义的梦幻和突破逻辑的洞察力，他受邀加入这个流派。但他并没有选择加入小组，超现实主义者是如此自觉地依赖于“无意识的自动写作”，挖掘潜意识的源泉。“艺术中的一切都应回应我们血液中的每一次律动，甚至是我们的无意识，”他后来说，“对于我来说，没有弗洛伊德，我就已经睡得非常好了！”这段时期，对于夏加尔和家人来说，似乎特别幸福和安定，他们与老朋友重逢，还结交了新朋友。他们到法国乡村去了很多次，而《窗边的伊达》（彩色图版 26）让人想起布列塔尼北海岸隔海相望的岛屿上欢乐的假日时光。虽然夏加尔长期关注自然、色彩、光线与风景，但他很少描绘户外的景色，而是喜欢描绘窗口望出去的场景（与马蒂斯一样）。室内与室外之间的界限总是激起他的兴趣，这成了贯穿他一生许多伟大绘画作品中的特色题材。

到了 1927 年，夏加尔成为巴黎派的著名画家，他的作品在全世界巡回展出。20 世纪 20 年代，他在法国境内到处旅行，30 年代期间，他开始出国旅行，去了巴勒斯坦、荷兰、西班牙、波兰和意大利，这些经历赋予他的绘画作品以新的意义，因为他亲眼看到了伦勃朗（Rembrandt，1606—1669 年）和一些西班牙大师，如埃尔·格列柯（El Greco，1541—1614 年），委拉斯凯兹（Velázquez，1599—1660 年）和戈雅（Goya，1746—1828 年）的作品。

恋人、花朵和马戏团在这一阶段成了夏加尔循环使用的母题。但要是认为他的画总是轻松愉快、热情洋溢的，那就错了。在他的主要“超现实主义”作品《时间是一条无岸之河》（*Time is a River without Banks*）中，贝拉肖像画的旁边出现一个体型高大、性格阴郁的人，在

图 14
金牛犊

蚀刻和干刻;
29.2cm×23cm;
《圣经》第 38 幅, 巴黎,
帖喜雅德, 1956 年,
两卷本;
105 蚀刻版画, 1931—
1939 年, 1952—1956 年

接下来几年的时间里，这个形象经常在夏加尔的作品中出现。在尺寸最大、最有抱负的作品《革命》(彩色图版 31) 中，画家通过成熟的油画素描技法，试图在这幅画中对愈发激烈的西班牙内战和记忆中的俄国革命予以总结。而作品《犹太剧院介绍》(图 8)，既是对熟悉题材的反思，也是对失去纯真、渴望残酷经历的讽刺，预示了即将到来的苦难。

在 20 世纪创作的绘画作品中，夏加尔最为有力地表达了痛苦和绝望的情绪。1938 年之后创作的一系列描绘十字架受难的作品中，《白色十字架》(彩色图版 32) 呈现出十年来最为痛苦的形象。1938 年，夏加尔的好朋友，虔诚的天主徒雅克・马里坦 (Jacques Maritain) 写道，"我们听不到来自德国集中营和俄国的巨大抗议声，但那声音却在世界各个角落悄悄地渗透着，以轻微的声波震动，牵动着全世界人民的心。"《白色十字架》中，在设定的大灾难背景下，一切陷入野蛮。有的人发出强有力的政治声明，有的人是犹太殉道者，看着令人心痛，受难的十字架则是基督教象征的核心。"我该如何哭泣……" 夏加尔在自己的诗《献给被屠杀的艺术家》中写道：

> 我看见烟火袅袅
> 飘向蓝蓝的天空，
> 变为黑色，
> 我看见扯断的头发和碎裂的牙齿。
> 我拿着画板
> 不知所措
> 我站在沙漠里，
> 身前是成堆的靴子、衣物、灰土与粪便，
> 我嘴里咕哝着，祈祷着。

20 世纪 40 年代，夏加尔对于灾难的先知性预言成了现实，与十字架受难相关的形象层出不穷。正如名为《钉在十字架上的画家》(*The Painter Crucified*, 1940—1943 年) 的作品所表现的，艺术创作中象征着与生俱来痛苦的意象，大概包含着画家某种程度上的自我认同;《黄色基督》(*Yellow Christ*, 图 15) 明显是受到了高更同名作品的启发，他将自己描绘为"绘画中的新基督"，反映出当时的他正处于极度绝望之中。在《被钉在十字架上》(*The Crucified*, 图 17) 中或许能看出夏加尔对被德军摧毁的故乡的怀念，夏加尔也暗示了不只是纳粹想残害犹太人。夏加尔重返俄国的犹太小镇，一切都笼罩在冰天雪地之中，周围空荡荡的，街旁还竖立着一个十字架 (彩色图版 37)，正如他在《我的生活》中表达的那样，他的愿望不过是"用我的画布把一切画下来，让他们远离伤害"。这让人想起早前发生的骇人事件：第一次世界大战期间，俄军败退，犹太人受到惩罚，被逐出家园并被杀害。实际上，无论何时，只要夏加尔返回到这个令人痛苦的主题，他的笔下都会充斥着如《坠落的天使》(彩色图版 39) 或是《战争》(彩色图版 45) 中描绘的那种世界末日般的死寂与绝望。而在儿时的印象中，维捷布斯克在城市工业化之前，其实差不多从中世纪开始便是如

此，充斥着人间悲剧。

1941年的法国对于犹太人来说过于危险。当时住在法国南部，已获取法国公民身份的夏加尔和贝拉接受邀请前往美国避难。他们途经马赛和里斯本，于德国军队入侵俄国的第二天，也就是6月23日抵达纽约。虽然当时有很多欧洲画家和知识分子也在美国避难，但由于夏加尔并没有学会英语，因此与他们有些疏离。在维捷布斯克化为一片废墟之后，充满生机的俄侨社团给予了他最大的支持。

图15
黄色耶稣

1941年；纸上水粉；
27.5cm×31.5cm；
私人收藏

尽管十字架受难还有战争相关的意象在这些年的作品中数量激增，夏加尔的创作还是出现了转变。1942年春天，俄国编舞指导莱奥尼德·马赛因（Léonide Massine）邀请夏加尔为《阿列科》（*Aleko*）设计布景服装，这是一部根据亚历山大·普希金诗歌改编，配以柴可夫斯基音乐的芭蕾舞剧。9月初，芭蕾舞剧在墨西哥城首演，夏加尔参与了创作的每一环节；之后，这部芭蕾舞剧又在纽约上演，取得了巨大的成功，包括芭蕾舞剧本身，以及舞台与服装设计。《夏日午后的麦田：阿列科》（彩色图版34），是夏加尔本人创作的四幅大型背景幕布之一，给世人留下了极为深刻的印象，他是多么伟大的一位色彩大师。浩瀚广阔的空间中布满纯净的色彩。夏加尔创造了另一个世界，他的想象力被美国无垠的景观、墨西哥明亮的火焰所激发。在接下来的几年里，作品委托合约接踵而至：1945年为斯特拉文斯基的《火鸟》（*The Firebird*）创作背景幕布，饱和的色彩如漩涡般涌出，延伸到无限的空间，强烈、狂热、令人着迷；1958年在巴黎歌剧院为拉威尔的《达菲尼与克罗埃》（*Daphnis and Chloë*）进行创作（1952年曾为相同主题创作一系列水彩画，作为书籍插图）；1967年，在纽约大都会歌剧院为莫扎特的《魔笛》（*The Magic Flute*）进行创作。在这些作品中，夏加尔营造出一种整体氛围，一个虚幻的国度，如同之前为犹太室内剧场创作的一样。除了色彩和整体感受相近之外，每一个背景幕布都是独立的作品。正是在这里，在这些宏伟的布景之下，音乐、绘画和诗歌之间的“关联”达到了巅峰。

1944年贝拉因感染病毒猝然离世，令夏加尔极为伤心。几乎有9个月的时间，他无心画画。虽然《在她周围》（彩色图版36）这幅纪念性作品标志着他心中的伤痕已经愈合，但贝拉，以恋人或是新娘的形象反复出现在夏加尔的作品中，直至画家1985年离世。1945年年末，夏加尔创作《火鸟》期间，与一位比他年纪小很多的女人弗吉尼亚·哈格德·麦克尼尔（Virginia Haggard McNeil）确立了关系。他们搬往了卡茨基尔的高瀑，儿子大卫（David，取名自夏加尔早亡的弟弟）于1946年出生。此时，圣母与圣婴的形象进入夏加尔的画中，反映出他在新关系中感受到的平静。

此时，夏加尔将在偏僻遥远地区的艺术家生活与国际名流的需求结合了起来，1946年在纽约现代艺术博物馆以及芝加哥艺术学院举行回顾展，1947年在巴黎的国家现代艺术博物馆举办了展览。世界各博物馆、画廊的展览邀请令他应接不暇，同时，他也收到了来自收藏家、评论家、交易商、记者和出版商源源不断的热烈称赞，并第一次与20世纪知名艺术家毕加索和马蒂斯比肩，他的地位得到了肯定。1948年，夏加尔再次决定永久性定居法国。夏加尔先是举家迁往靠近巴黎的奥

图 16
保罗·高更绘
黄色基督

1889 年；布上油彩；
92cm×73cm；
奥尔布赖特诺克斯美术馆，
布法罗，纽约

热瓦勒，接着在 1950 年途经圣让卡普费拉，到达了旺斯，最终于 1966 年来到圣保罗德旺斯。到了 1952 年，弗吉尼亚离开了他，但他很快又结了婚，娶了一位名叫瓦伦蒂娜·布罗茨基（Valentina Brodsky）的俄国犹太流亡者。这个女人陪伴他度过了余生。

夏加尔继续作画（彩色图版 40、41），与此同时，他开始接触其他媒介进行试验，比如陶瓷、雕塑。1957 年，画家利用彩绘玻璃这一介质，在色彩方面大做文章，为他在晚年赢得了荣誉。他接受委托的作品没有大小之分，在哥特式大教堂、教堂、礼拜堂和犹太会堂以及世界上许多公共建筑上都可以找到夏加尔的玻璃窗作品（彩色图版 44），这是一个使他得以实现完全的原创性的媒介。夏加尔与彩绘玻璃专家查尔斯·马克（Charles Marq）合作，将自己绘画中掌握的深厚色彩知识转用到了神秘的、中世纪炼金术般的彩绘玻璃制作过程之中，发现只有天空的颜色才可以成为其表面的颜色，实现了德劳内"透明颜色与光线交织产生流动诗歌"的梦想。

不可否认，夏加尔完全掌握这种介质，但有人发表了尖锐的评论，说是夏加尔的犹太艺术家身份让他获得装饰岩窟教堂的委托。在夏加尔的作品中，经常出现源于俄国圣像画的基督教主题，比如《神圣家族》（*Holy Family*，1910 年）和《各各他》（*Golgotha*，1912 年）。但从 1938 年开始，犹太殉难基本上成了画家笔下"禁忌"意象的总体象征。之后几年，随着委托作品数量的不断增加，夏加尔摒弃了那些表意明确的标志性道具（祷告披肩、护符、经书、枝状烛台）。他的作品脱离了教堂、某种特定涉及犹太教义的十字架以及预示《新约》的《旧约》意象，有了全新的意义。虽然夏加尔一直坚守对"自己人"的承诺，坚称信息传递具有"普遍性"（人们都知道他曾写信给以色列总统哈伊姆·魏茨曼以及巴黎的首席拉比寻求建议），但如果他认为背景与意义毫无关系，认为不必给出一个基督徒式的解释的话，那他一定是非常天真的。

夏加尔又接受了其他重要的作品委托：马赛克、挂毯设计，1963 年他为巴黎歌剧院设计了争议性作品——20 英尺（约 9 米）宽的天顶画。而拉封丹的《寓言集》这件委托作品同样引发了人们抗议，人们觉得蕴含重要法国思想的作品怎能委托给一个"外国人"，夏加尔的拥护者、文化部长安德烈·马尔罗（André Malraux）驳回了这些异议。天顶画的项目还在继续着，夏加尔以人们所熟知的意象、色彩饱满的图形设计，对十位作曲家表达了敬意。

1967 年，夏加尔在美国完成了一件最为重要的委托作品——为纽约大都会歌剧院创作两幅大型布上绘画，《音乐的源泉》（彩色图版 46）和《音乐的胜利》（*The Triumph of Music*）。夏加尔从早些时候为大都会歌剧院创作的莫扎特《魔笛》的布景中汲取养分，在洛可可风格的空间内，以夏加尔最爱的"天使莫扎特"为主体，周围环绕着其他作曲家。

夏加尔渴望为"墙壁"创作绘画的愿望终于得以实现，日常题材在这件委托作品中表现得尤为明显。但随后，他又把注意力投向了另一个完全不同的项目上了。战争之后，帖喜雅德接管并迅速将 20 世纪 20 年代以来尘封在沃拉尔地下室的蚀刻插图进行出版。定于 1956 年出版的《圣经》蚀刻版画重燃起夏加尔对于普遍性信息传递的兴趣。他基于《圣经》，从乔托（Giotto，约 1276—1337 年）和安杰利科修士（Fra Angelico，约 1400—1455 年）的作品中汲取灵感（没有教派之分、整齐合一的《旧约》形象，“每个个体都可以有自己的解释”），构思了一系列具有纪念性的巨幅绘画作品，20 年中，他一直热切而真挚地追求这种理念。1973 年 7 月，尼斯夏加尔美术馆开馆，向世人呈现了夏加尔全方位的艺术才能：彩绘玻璃、马赛克、挂毯、雕塑、陶瓷、石版画、雕版画、水粉、素描和彩绘画作品（彩色图版 42、43，图 14、40）。对于夏加尔来说，《圣经》有着非凡的意义，深埋于他的记忆之中，“年幼时，我就被《圣经》深深吸引着，我一直深信……那一向是诗歌创作最为重要的源泉……我在生命和艺术中思考着，《圣经》就像是自然的回响，而我努力传递着这种神秘。”

夏加尔享年 97 岁，他的名字在俄语中有“大步行走”之意，夏加尔以旺盛的创作精力终生投身于艺术，如巨人般跨越世纪，他经历的变迁比历史上任何时刻都要剧烈。他出生时，是一个不为人注意的贫困犹太人，离世时，却获得了最高荣誉——包括法国荣誉军团的大十字勋章。他被安葬在天主教公墓里，法国人簇拥着他，就像对待自己的同胞。他的作品是其卓越一生诗意般的隐喻，想象力撬动夏加尔式的转化变形。作为一个道德主义者、神话创作者、幻想家、小丑以及伟大的宗教艺术家，夏加尔在诗歌和绘画中所运用的想象语言，以其独特的个人视角所进行的抒情表达，触动了整个世界。

图 17
被钉在十字架上

1944 年；纸上水粉；
62cm×47.5cm；
私人收藏

生平简介

1887 年　7 月 7 日，马克・夏加尔在俄国维捷布斯克出生，九个孩子中年纪最长，父亲扎哈尔，母亲菲嘉・伊塔。

1906 年　在维捷布斯克耶乌达・潘艺术家画室短暂学习。

1906—1907 年　搬往圣彼得堡，获取助学金，前往帝国美术保护协会所属学校进修一年。

1908—1909 年　进入兹万采娃学校，师从列昂・巴克斯特和姆斯基斯拉夫・杜布津斯基。马克斯・维纳弗尔成为他的资助人。在回到维捷布斯克途中，他遇到了未来的妻子贝拉・罗森菲尔德。

1910 年　4—5 月，与几位兹万采娃学校学生一起，作品在《阿波罗》(*Apollon*) 杂志办公室展出。8 月，在维纳弗尔资金支持下前往巴黎。

1911—1912 年　在两所艺术学校进修学习，"大茅屋"画院与"调色板"画室。

1912 年　搬往"蜂巢"，那里也是苏丁、莱热和莫迪里阿尼的画室。与莫斯科"驴尾派"一起在独立沙龙、秋天沙龙展出作品。

1913 年　在独立沙龙展出作品。作品受到赫尔瓦特・瓦尔登的欣赏，于柏林首届德国秋季沙龙展上展出。

1914 年　在独立沙龙展出作品。前往柏林狂飙画廊出席首次个展开幕式。之后返回维捷布斯克，8 月，战争爆发，3 个月的探访时间被推迟，归期不定。

1915 年　在莫斯科"1915 年"的展览上展出作品。迎娶贝拉・罗森菲尔德。搬到彼得格勒（圣彼得堡前身），当起战争经济办公室职员。

1916 年　女儿伊达出生。

1917 年　俄国爆发二月革命、十月革命。

1918 年　夏加尔首部个人专著出版。被任命为维捷布斯克地区美术委员。

1919 年　维捷布斯克艺术学校成立。这所学校老师包括埃尔・利西茨基、卡济米尔・马列维奇。为维捷布斯克革命讽刺剧院工作。与马列维奇、利西茨基发生冲突而离开维捷布斯克。

1920—1921 年　受邀对莫斯科国家犹太室内剧场（意第绪语剧院）设计布景。

1921—1922 年　住在莫斯科郊外的战争孤儿落脚点马尔霍夫卡，教授学生美术。开始《我的生活》的写作。

1922 年　离开俄国，前往柏林。学习蚀刻版画，受保罗・卡西尔委托为《我的生活》创作插画。

1923 年　作品集《我的一生》出版。回到巴黎。接受安布鲁瓦兹・沃拉尔委托为果戈理的《死魂灵》创作蚀刻版画。

1924—1929 年　接受安布鲁瓦兹・沃拉尔委托进行拉封丹《寓言集》和马戏团项目创作。成为"巴黎学校"艺术家团体受人尊敬的领导人。

1930 年　接受安布鲁瓦兹・沃拉尔委托进行《圣经》插画制作。

1931—1932 年　去中东和荷兰旅行。

1933 年　去意大利旅行。在戈培尔命令下，作品在曼海姆受到公开批判。

1934 年　去西班牙旅行，欣赏西班牙艺术。

1935 年　去波兰旅行，到维尔纳出席犹太研究所落成典礼。

1937 年　获得法国公民身份。作品纳入"堕落艺术"展览，在德国和澳地利展出。

1939 年　离开巴黎前往法国南部。

1940 年　接受纽约现代艺术博物馆邀请，移民美国。

1941 年　6 月 23 日，抵达纽约，德国入侵俄国。11 月，在纽约皮埃尔·马蒂斯画廊举办展览。

1942 年　接受马赛因委托为《阿列科》设计布景服装。

1944 年　9 月，贝拉去世，夏加尔无法工作，时间长达 9 个月。

1945 年　为《火鸟》设计布景服装。与弗吉尼亚·哈格德·麦克尼尔确立长达七年的恋爱关系。

1946 年　儿子大卫出生。在纽约现代艺术博物馆以及之后在芝加哥艺术学院举行回顾展。

1947 年　去巴黎旅游，在国家现代艺术博物馆举办展览。

1948 年　返回巴黎永久性定居。在阿姆斯特丹和伦敦泰特美术馆举办展览。

1949 年　从巴黎城外搬往法国南部，开始进行粘土创作。

1950 年　在麦格画廊举办展览，参展作品中包括陶瓷作品。

1951 年　开始创作第一件雕刻作品。在耶路撒冷出席比撒列国家艺术博物馆回顾展开幕式。

1952 年　到沙特尔参观彩绘玻璃。拉封丹《寓言集》由帖喜雅德出版。7 月，迎娶瓦伦蒂娜·布罗茨基。

1955 年　开始一系列《圣经》插图制作。

1956 年　《圣经》由帖喜雅德出版。首次接受小教堂（阿斯，萨优伊）彩绘玻璃窗作品委托。

1957 年　玻璃窗作品安置到位。第三次走访以色列。

1958 年　接受巴黎歌剧院委托，为《达菲尼与克罗埃》进行布景服装设计。

1960 年　为耶路撒冷希伯来大学哈达萨医学中心犹太会堂设计 12 块彩绘玻璃窗。

1962 年　完成在梅斯的第一块彩绘玻璃窗制作。

1963 年　开始巴黎歌剧院天顶画制作。

1964 年　去纽约旅游，为纽约联合国大厦设计象征和平的彩绘玻璃窗。

1965 年　开始设计莫扎特《魔笛》布景服装和制作纽约大都会歌剧院壁画。

1966 年　从旺斯搬往圣保罗·德·旺斯。

1967 年　在苏黎世、科隆举办八十岁诞辰回顾展。“圣经信息”系列在卢浮宫展出。

1969 年　去以色列耶路撒冷出席议会大厦开幕式，国会大厦里的地板、墙壁马赛克还有挂毯均由夏加尔设计。在法国大皇宫举办夏加尔主要作品展。

1970—1972 年　彩绘玻璃和马赛克展览及作品委托。

1973 年　6 月，去莫斯科、圣彼得堡访问；7 月，出席尼斯夏加尔博物馆落成典礼。

1974 年　兰斯大教堂彩绘玻璃窗揭幕。

1975 年　配了 82 幅石版画的《奥德赛》出版。

1977 年　被授予法国荣誉军团的大十字勋章和耶路撒冷荣誉公民。在卢浮宫举办展览。

1978 年　苏塞克斯奇切斯特大教堂彩绘玻璃窗揭幕。

1979 年　《美国之窗》在芝加哥美术馆揭幕。

1985 年　在美国费城艺术博物馆和伦敦皇家艺术研究院举办大型主要作品回顾展。3 月 28 日，夏加尔在圣保罗·德·旺斯的家中去世。

参考文献

Primary Sources

Chagall, Marc, *My Life*, translated by Elizabeth Abbott, New York, 1994

Chagall by Chagall, ed. Charles Sorlier, translated by John Shepley, London, 1979

Monographs

Alexander, Sydney, *Marc Chagall: A Biography,* London, 1979

Amiel, Leon, *et al., Homage to Chagall: Special Issue of the XXe Siècle Review*, New York, 1982

Baal-Teshuva Jacob (ed.), *Chagall, A Retrospective*, New York, 1995

Bohm-Duchen, Monica, *Chagall*, London, 1998

Compton, Susan, *Marc Chagall: My Life – My Dream (Berlin and Paris, 1922–1940)*, Munich, 1990

Haftmann, Werner, *Marc Chagall*, translated by Heinrich Baumann and Alexis Brown, New York, 1973

Kagan, Andrew, *Chagall*, New York, 1989

Kamensky, Alexander, *Chagall: The Russian Years 1907–1922*, translated by Catherine Phillips, London, 1989

McMullen, Roy, *The World of Marc Chagall*, photography by Izis Bidermanas, London, 1968

Meyer, Franz, *Marc Chagall*, translated by Robert Allen, London, 1964

Sweeney, James Johnson, *Marc Chagall*, New York, 1946

Exhibition Catalogues

Chagall, ed. Susan Compton, Royal Academy of Arts, London, 1985.

Chagall to Kitaj: Jewish Experience in 20th Century Art, ed. Avram Kampf, The Barbican Art Gallery, London, 1990

Marc Chagall and the Jewish Theatre, The Solomon R. Guggenheim Museum, New York, 1992

Marc Chagall: The Russian Years 1906–1922, ed. Christoph Vitali, translated by Lynne E. A. Murray, Schirn Kunsthalle, Frankfurt, 1991

Catalogue of the Musée National Message Biblique Marc Chagall, Nice, 1976

'Degenerate Art': The Fate of the Avant-Garde in Nazi Germany, Stephanie Barron, Los Angeles County Museum of Art, 1991

Other

Apollinaire on Art: Essays and Reviews (1902–1918), ed. Leroy C Brenning, New York, 1972

Chagall, Bella, *Burning Lights* (with 36 drawings by Marc Chagall), translated by Norbert Guteman, New York, 1962

Chagall, Bella, *First Encounter*, translated by Barbara Bray, New York, 1983

Haggard, Virginia, *My Life with Chagall: Seven Years of Plenty*, London, 1987

Journal of Jewish Art, Vol. 5, 1978

Neumann, Erich, *Art and the Creative Unconscious*, translated by Ralph Manheim, Princeton, 1974

Roditi, Edouard, *Dialogues on Art*, London, 1960

Schapiro, Meyer, *Modern Art – 19th and 20th Centuries: Selected Papers*, New York, 1996

插图列表

彩色图版

17 杂技演员
1914 年；棕色布上油彩，裱于布上；
42cm × 32.5cm；
奥尔布赖特诺克斯美术馆，布法罗，纽约

18 斋日（拿着柠檬的拉比）
1914年；布上油彩；104cm × 84cm；
杜塞尔多夫北威邦艺术收藏中心

19 维捷布斯克之上
1914 年；布上油彩；70.8cm × 90.2cm；
安大略美术馆，多伦多；
塞姆与阿亚拉・扎克赠送

20 生日
1915 年；布上油彩；80.5cm × 99.5cm；
现代艺术博物馆，纽约

21 躺着的诗人
1915 年；纸板上油彩；77cm × 77.5cm；
泰特美术馆，伦敦

22 蓝色的房子
1917 年；布上油彩；66cm × 97cm；
列日现代艺术博物馆

23 向前！（旅行者）
1917 年；纸上石墨、水粉；38.1cm × 48.7cm；安大略美术馆，多伦多；
塞姆与阿亚拉・扎克赠送

24 有玻璃酒杯的双人肖像
1917—1918 年；布上油彩；235cm × 137cm；国家现代艺术博物馆，蓬皮杜艺术中心，巴黎

25 立体景观
1918 年；布上油彩；100cm × 59cm；
国家现代艺术博物馆，蓬皮杜艺术中心，巴黎

26 窗边的伊达
1924 年；布上油彩；105cm × 75cm；
阿姆斯特丹市立博物馆

27 百合花下的恋人
1922—1925 年；布上油彩；117cm × 89cm；
私人收藏

28 被箭射伤的鸟
约 1927 年；水粉；51.4cm × 41.1cm；
阿姆斯特丹市立博物馆

29 梦
1927 年；布上油彩；81cm × 100cm；
巴黎现代艺术博物馆

30 绿衣贝拉
1934—1935 年；布上油彩；99.5cm × 81cm；
阿姆斯特丹市立博物馆

31 革命（习作）
1937 年；布上油彩；50cm × 100cm；
国家现代艺术博物馆，蓬皮杜艺术中心，巴黎

32 白色的耶稣受难
1938 年；布上油彩；155cm × 139.5cm；
芝加哥艺术学院，
阿尔弗雷德・S・阿尔舒勒赠送

33 时间是一条无岸之河
1930—1939 年；布上油彩；100cm × 81.3cm；
现代艺术博物馆，纽约

34 夏日午后的麦田：阿列科
1942 年；水粉、水彩，用毛笔和铅笔绘制；
场景了，为背景幕布所作草图；
38.5cm × 57cm；现代艺术博物馆，
纽约；莉莉・P・布里斯遗赠

35 变戏法的人
1943 年；布上油彩；109cm × 79cm；
芝加哥艺术学院

36 在她周围
1945 年；布上油彩；130cm × 109.7cm；
国家现代艺术博物馆，蓬皮杜艺术中心，巴黎

37 城市之魂
1945 年；布上油彩；107cm × 81.5cm；
国家现代艺术博物馆，蓬皮杜艺术中心，巴黎

38 举着太阳伞的母牛
1946 年；布上油彩；77.5cm × 106cm；
理查德・S・泽斯勒收藏，纽约

39 坠落的天使
1922—1933—1947 年；布上油彩；
148cm × 265cm；巴塞尔艺术博物馆

40 红屋顶
1953 年；纸上油彩，裱于布上；
230cm × 213cm；
国家现代艺术博物馆，蓬皮杜艺术中心，巴黎

41 塞纳河上的桥
1954 年；布上油彩；111.5cm × 163.5cm；
汉堡美术馆

42 摩西受十诫
1956—1958 年；布上油彩；
236cm × 234cm；
夏加尔博物馆，尼斯

43 雅歌Ⅳ
1958 年；布上油彩；145cm × 211cm；
夏加尔博物馆，尼斯

44 和平
1964 年；彩绘含铅玻璃窗；3.50 m × 5.36m；联合国秘书处大楼，纽约

45 战争
1964—1966 年；布上油彩；
163cm × 231cm；苏黎世美术馆

46 音乐的源泉
1967 年；布上油彩；10.98m × 9.14m；
林肯中心大都会歌剧院，纽约

47 伊卡洛斯的坠落
1975 年；布上油彩；213cm × 198cm；
国家现代艺术博物馆，蓬皮杜艺术中心，巴黎

48 灰色大马戏团
1975 年；布上油彩；140cm × 120cm；
私人收藏

文中插图

1 阿尔弗雷德・诺伊曼摄
马克・夏加尔
约 1975 年；照片；
阿尔弗雷德・诺伊曼与伊姆加德・诺伊曼照片集；伦敦犹太学院

2 牛贩子
1912 年；布上油彩；97cm × 200.5cm；
巴塞尔艺术博物馆

3 农民的生活
1925 年；布上油彩；100cm × 81cm；
奥尔布赖特诺克斯美术馆，布法罗，纽约；当代艺术基金展厅

4 祈祷的犹太人（维捷布斯克拉比）
1914 年；布上油彩；101.1cm × 81cm；
卡尔・因・欧贝施泰格和约格・因・欧贝施泰格私人收藏，日内瓦

5 受伤的士兵
1914 年；纸板上水彩、水粉；
49cm × 38cm；私人收藏

6 战争
1914 年；纸上墨汁、涅白，用钢笔、笔刷绘制；22cm × 18cm；
卢那察尔斯基博物馆，克拉斯诺达尔

7 士兵畅饮
1912 年；布上油彩；109cm × 94.5cm；
古根海姆博物馆，纽约

8 犹太剧院介绍
1920 年；布上蛋彩、水彩、涅白；
284cm × 787cm；
特列季亚科夫画廊，莫斯科

9 夏加尔在马拉乔夫斯卡亚·别斯普利索尔尼聚居地为战争孤儿授课
约 1921 年；照片

10 祖父的房子
1923 年；蚀刻版画；20.9cm × 16cm；
《我的生活》作品集，柏林，保罗·卡西尔，编号 110 复制品

11 维捷布斯克的房子
1923 年；蚀刻版画；18.9cm × 24.9cm；
《我的生活》作品集，柏林，保罗·卡西尔，编号 110 复制品

12 警察来了
1923—1927 年；蚀刻版画；29cm × 22cm；
尼古拉·果戈理，死魂灵，插图 25
巴黎，帖喜雅德，1948 年，三卷本

13 孤独
1933 年；布上油彩；102cm × 169cm；
拉维夫美术馆；艺术家馈赠，1953 年

14 金牛犊
蚀刻和干刻；29.2cm × 23cm；
《圣经》第 38 幅，巴黎，帖喜雅德，1956 年，两卷本；
105 蚀刻版画，1931—1939 年，1952—1956 年

15 黄色基督
1941 年；纸上水粉；27.5cm × 31.5cm；
私人收藏

16 保罗·高更绘
黄色基督
1889 年；布上油彩；92cm × 73cm；
奥尔布赖特诺克斯美术馆，布法罗，纽约

17 被钉在十字架上
1944 年；纸上水粉；62cm × 47.5cm；
私人收藏

对比插图

18 保罗·高更绘
自画像
约 1888 年；布上油彩；46cm × 38cm；
普希金艺术博物馆，莫斯科

19 保罗·高更绘
魔鬼的语言
1892 年；布上油彩；91.7cm × 68.5cm；
国家美术馆，华盛顿；
埃夫里尔·哈里曼基金会馈赠：纪念玛丽·N·哈里曼

20 文森特·凡·高绘
夜晚的咖啡馆
1888 年；布上油彩；72.4cm × 92.1cm；
耶鲁大学美术馆，纽黑文，康涅狄格；
斯蒂芬·卡尔顿·克拉克遗赠

21 欧仁·德拉克洛瓦绘
萨丹纳帕路斯之死
1827 年；布上油彩；395cm × 495cm；
卢浮宫，巴黎

22 弗朗兹·马尔克绘
蓝马
1911 年；布上油彩；103.5cm × 108cm；
沃克艺术中心，明尼阿波利斯

23 马萨乔绘
驱逐亚当和夏娃
约 1425 年，湿壁画；
布兰卡奇礼拜堂，佛罗伦萨

24 该隐与亚伯
1911 年；纸上水粉；22cm × 28.5cm；
私人收藏，巴塞尔

25 费尔南·莱热绘
抽烟的人
1911 年；布上油彩；129cm × 96.5cm；
古根海姆博物馆，纽约

26 绿色小提琴手
1923—1924 年；布上油彩；
198cm × 108.6cm；
古根海姆博物馆，纽约

27《七个手指的自画像》习作
1911 年；纸上铅笔、水粉；
23cm × 20cm；私人收藏

28 神圣的马车夫
1911—1912 年；布上油彩；
148cm × 118.5cm；
私人收藏，德国

29 俄国
1912—1913 年；纸上水粉；
27cm × 18.2cm；私人收藏

30 圣兆——雅罗斯拉夫画派圣像
约 1220 年；特列季亚科夫画廊，莫斯科

31 阿波利奈尔与夏加尔
1910—1911 年，纸上墨汁、水粉；
私人珍藏

32 向前！
1919—1920 年；纸板上油彩、铅笔；
31cm × 44cm；乔治·科斯塔斯基收藏，
雅典

33 罗伯特·德劳内绘
埃菲尔铁塔
1911 年；布上油彩；202cm × 138.5cm；
古根海姆博物馆，纽约

34 胡安·格里斯绘
塞雷的景色和房子
1913 年，布上油彩，100cm × 65cm
私人收藏

35 丁香花束中的恋人
1930 年；布上油彩；128cm × 87cm；
私人收藏

36 卡尔·吉拉德特绘
被箭射伤的鸟
拉封丹寓言集小插图，图尔，1858 年，
第二卷，寓言 6

37 贝拉·夏加尔为《绿衣贝拉》摆造型
1934 年；照片

38 曾菲拉：《阿列科》芭蕾舞剧服装设计
（场景 1）
1942 年；水粉、水彩和铅笔；
53.5cm × 37cm；
现代艺术博物馆，纽约；
莉莉·P 遗赠

39 阿尔弗雷德·诺伊曼绘
夏加尔起居室，挂有《红屋顶》
约 1975 年，阿尔弗雷德·诺伊曼与伊姆
加德·诺伊曼照片集；
伦敦犹太学院

40 摩西怒摔十诫
蚀刻版画；29.4cm × 23.1cm；
《圣经》插图 36，巴黎，
帖喜雅德，1956 年；
1931—1939 年，
1952—1956 年

41 荡秋千的女人
约 1950 年；水粉；60cm × 47cm；
私人收藏，伦敦

1

自画像

Self-Portrait

1908 年；布上油彩；30.2cm×24.2cm；国家现代艺术博物馆，蓬皮杜艺术中心，巴黎

图 18

保罗·高更绘
自画像

约 1888 年；布上油彩；46cm×38cm；普希金艺术博物馆，莫斯科

夏加尔曾说过保罗·高更"是当时唯一的革新者"，而夏加尔在这幅早期自画像中如此明显地表达出对于高更是一个浪漫者和反叛者（图 18）观点的认同，他觉得自己也是个特立独行的人。1908 年，夏加尔在圣彼得堡兹万采娃学校学习，给他上课的列昂·巴克斯特和其他俄国先锋画家并不热衷于呈现真实世界，他们更关注的是如何以绘画和诗歌的方式来探索自身感受。关于象征主义者对自己的启发，夏加尔在自传《我的生活》中写道，"学院理论对我毫无用处……除了凭直觉创作这点，我什么都没学到。"艺术家创作自画像有很多原因，包括经济上、方便性方面的因素，同时他们也希望能被载入史册，成为严肃艺术史里的杰出画家。这幅自画像以质地粗糙的帆布上无法界定的特征和概括性绘画的处理方式，不仅表明夏加尔一直在留意高更作品的复制品（当时在艺术期刊和杂志上随时可见），也呈现出高更的象征主义特征对夏加尔所产生的真实而持久的影响，强调了比外表风格和形式相似更为深刻的联系。高更与夏加尔两人对融合有着强烈的渴望——一种无意识的欲望：将完全不同的灵感源泉进行创意性地整合、内化与统一。夏加尔曾说过："我的象征性诗歌总是出乎意料的，它们是富含东方韵味、介于中国和欧洲之间的"，他与高更有着相同的信念："绘画是最美的一种艺术。所有的感觉都凝固住了，任何人只看一眼就陷入了对过往最为深刻的回忆之中……就像是音乐通过听觉对灵魂起了作用……"一块小小的红色遮盖布表示着他对剧场世界的依恋。夏加尔同高更一样，他凝视着观众，向他们发出挑衅，令人不安。这是一位倔强的个人主义者挑衅而坚定的眼神。

Chagall
1908

2

死者

The Dead Man

1908 年；布上油彩；68.2cm×86cm；国家现代艺术博物馆，蓬皮杜艺术中心，巴黎

在 1918 年出版的第一部关于夏加尔的专著中，作者亚伯兰·埃弗罗斯（Abram Efros）、亚科夫·图仁霍德（Iakov Tugendhol'd）写道，“他的视野里全是最简单最平常的生活，而这种平常生活却是极富远见的。”这种对于夏加尔艺术本性的认识捕捉到了《死者》这幅画的精髓，《死者》是夏加尔最早的幻想叙事系列作品之一，虽然取材于日常生活，但极富戏剧性，有一股神秘虚幻的气息。从某种程度上来说，这幅画可被视为对夏加尔童年一次经历的重现，这一场景在他的《我的生活》中有所记录。他描述了自己在“黎明破晓前”是如何被女人的哭泣声弄醒的，这个女人沿着街道狂奔，召唤邻居来帮忙救自己快要断气的丈夫。她害怕单独和他待在一起，而其他人“对于悲伤已经麻木”，他们“安静地点燃了蜡烛，默默地在这位垂死的男人头边祈祷起来”。1959 年，针对此画，夏加尔提出了与以往不同且更为深层次的解读。他回想起自己曾给学生授课的经历。他瞥了一眼窗外，空旷街道上蔓延着的悲剧将至的气息令他无法承受。他想要记录下这些感受，便自问道：“我如何能以非象征性手法画出黑如尸体般的街道？”同文森特·凡·高（Vincent Van Gogh，1853—1890 年）一样，夏加尔排斥自然主义手法和文学比喻，而采取一种幻觉现实主义的形式来构建一种高度神秘的幻象——垂死的男人躺在大街上，周围摆着蜡烛。这是一幅充满感情的画面，想象中的人物、异常扭曲的角度与幽灵般的黄绿色天空相互影响，进一步加强了整体画面效果。屋顶上看起来令人困惑不解的提琴手，正如埃弗罗斯所写：“阴郁的天空下，寒风呼啸着，他的出现正合时宜”，提琴手进一步增强了虚幻的气息——日常生活的表象转化为幻象。

3

出生

Birth

1910 年；布上油彩；65cm×89cm；苏黎世美术馆

图 19

保罗 · 高更绘
魔鬼的语言

1892 年；布上油彩；
91.7cm×68.5cm；
国家美术馆；华盛顿；
埃夫里尔·哈里曼基
金会馈赠：纪念玛
丽·N·哈里曼

在夏加尔展现日常生活中特别事件（出生、死亡、结婚）的一系列绘画作品中，悲伤情感的表达方式不同寻常地带有一种原始力量。这幅名为《出生》的作品，与《死者》（彩色图版 2）一样，是在夏加尔离开圣彼得堡前往巴黎之前完成的，有着好几层含义。夏加尔作为家中的长子，见证了母亲的八次分娩过程。夏加尔在《我的生活》中回忆起弟弟大卫的出生，当时夏加尔被狗咬伤了，在圣彼得堡接受治疗，然后和叔叔从圣彼得堡返回维捷布斯克。他写道："我发现屋子里都是女人……还有表情严肃的男人……突然间，传来一阵撕心裂肺的叫喊声。我的母亲，躺在床上，半裸着身子，面色苍白，脸颊上泛起一抹淡淡的粉红色，刚把我年纪最小的弟弟给生下来了。"按照风俗，家人和朋友需要在新生儿房间内守夜——诵读经文，以保护孩子远离恶魔，而在《出生》这幅画上，画面以明显不同的两块区域来说明这样一种场合：一群人挤在门口，有人让他们在进门后保持安静，一个男人（夏加尔的父亲？）蹲在床脚，而一个孩子和比他年纪稍长的同伴正透过窗户往里面看（夏加尔和他的叔叔吗？）。不过为什么会有一头牛呢？夏加尔可能凭借对基督教图像志的了解，画下了世俗化的耶稣降生，其中动物和人都有自己要扮演和担当的角色。然而，这幅画的重点在于深红色的罩子，或者说是深红色的顶棚（另一种耶稣降生的象征），隔绝其他人注视的目光，它包围着、保卫着生命最初的秘密，一个刚生过孩子的女人半裸地躺着，身上流着血。在床的后面站着令人心生恐惧的接生婆，她手中抱着婴儿，仿佛拿着洋娃娃。她容貌丑陋怪异，戴着面具般的脸庞像是恶魔的化身，而孩子必须予以保护。高更的《魔鬼的语言》（*Words of the Devil*，图 19）中经常出现在塔希提人周围，扮演着迷信角色的邪恶元神，似乎与夏加尔的图像一样，涉及同样的象征领域。不过，高更使用的象征符号借鉴了异域文化，而夏加尔所使用的则源于内在表意系统，它属于个人体系。

4

安息日

The Sabbath

1910 年；布上油彩；89.8cm×95cm；路德维希博物馆，科隆

图 20

文森特·凡·高绘
夜晚的咖啡馆

1888 年；布上油彩；
72.4cm×92.1cm；
耶鲁大学美术馆，纽黑文，
康涅狄格；
斯蒂芬·卡尔顿·克拉
克遗赠

1910 年夏末，夏加尔到达巴黎，他无法适应巴黎这个大城市的喧闹、交通以及一切新奇的事物。他思念着家乡，在《我的生活》里写道："要不是家乡距巴黎千里之外，我恨不得立刻回去待上一星期或者一个月。"但很快，他克服了这些情绪，开始享受起车水马龙、人来人往的巴黎所赋予的一切——博物馆、画廊、沙龙。他对身边的光线和色彩着了迷，也迷上了"象征着自由的奇妙之光"。他开始相信唯有"自由之光"可以让艺术家自由地"创作出如此的图画"；这是一种沙俄犹太人梦寐以求却难以触及的自由。现在，夏加尔亲眼看到了自己所崇拜的艺术家的作品——是真迹而并非复制品，这些作品的影响力也开始在他的作品中反映出来。在夏加尔第一幅巴黎画作《安息日》中可以感觉到凡·高对他的影响。当凡·高来到巴黎后，夏加尔调色板上的颜色一下子变亮了许多。这幅画的创作基调部分源自对维捷布斯克安息日夜晚的记忆（"父亲总是睡着了……祷告词还没有念完"，而"灯不亮了，椅子也变得死气沉沉"），也有部分是源自诸如凡·高《夜晚的咖啡馆》（*The Night Cafe*，图 20）这样的作品对他产生的巨大影响。凡·高曾写信给他的弟弟提奥，说在这幅画中他尝试"以红色和绿色表达人类可怕的激情"，虽然事实上那似乎更像是一副冷淡疏远的景象。夏加尔将《夜晚的咖啡馆》中社会边缘人所感受到的陌生、压抑而沉闷的心境转移到他所熟悉的犹太礼仪世界之中，以营造出一种令人窒息的无聊气氛。嗜睡的人"像是垂头丧气的木偶"闲坐着。不规则的视角、半自然色（黄色、红色和绿色）的使用强调了这点，极大地提升了作品中的想象力，使之无法从现实主义的角度被解读。

5

画室

The Studio

1910 年；布上油彩；60cm×73cm；国家现代艺术博物馆，
蓬皮杜艺术中心，巴黎

经历了四天的舟车劳顿，夏加尔来到了巴黎，这是他第一次来到巴黎。他与朋友维克托·梅可勒（Victor Mekler）在巴黎北站见了面，后者比夏加尔早一年来到巴黎。夏加尔在梅可勒居住的宾馆房间里打了几晚地铺，然后租下了另一位俄国艺术家艾伦堡的两居室画室，后者要离开巴黎一阵子。于是，蒙巴纳斯 18 号成了夏加尔的第一个画室，他以此为主题创作了这幅画。在 1912 年初搬往艺术家群住地“蜂巢”前，他就住在那里（他转租了两间房中的一间）。虽然夏加尔每月从他的资助人马克斯·维纳弗（Max Vinaver）手中收到 125 法郎补贴，但那段时间他仍过得贫穷而艰难。买不起新画布的他只得去买旧画来作画。即使是那些被艾伦堡留下妥善保管的画也难逃相同的命运！众所周知，夏加尔在二手画布上创作了《画室》，在这幅画中，他似乎将凡·高透视变形的处理方式与马蒂斯鲜明炽烈的色彩结合起来。人们不禁认为夏加尔一定看过凡·高的《卧室》（*The Bedroom*，1888 年）和《高更的椅子》（*Gauguin's Chair*，1888 年）——后一幅画采取高视点作画，营造出“黑夜里红色和绿色的视觉效果”，还有马蒂斯的《红色的和谐》（*Harmony in Red/La desserte*，1908 年），红色无所不在，从地板一直蔓延到天花板，模糊了垂直面与水平面之间的界限。模糊的效果同样出现在《画室》这幅画中，墙壁的浅翠绿色向下延伸，涌向床头板和床罩。色彩饱和的背景下，个性化色彩亮度（红色、芥末黄色和蓝色）更为凸显，赋予家具以动感，似乎让图像逆时针旋转了起来。几幅画挂在了墙上，或者说是摆放在了架子上作装饰。空空的框架上方，挂在墙上的那一幅可以肯定正是夏加尔从俄国带来的《我戴黑手套的未婚妻》（*My Fiancée in Black Gloves*，1909 年），这是早期为贝拉·罗森菲尔德所作的众多肖像画中的一幅。两人于 1915 年结婚。

Chagall 1910

6

献给我的未婚妻

Dedicated to my Fiancée

1911 年；布上油彩；213cm×132.5cm；艺术博物馆，伯尔尼

图 21
欧仁·德拉克洛瓦绘
萨丹纳帕路斯之死

1827 年；布上油彩；
395cm×495cm；
卢浮宫，巴黎

1827 年，欧仁·德拉克洛瓦（Eugène Delacroix，1798—1863 年）在沙龙展示了《萨丹纳帕路斯之死》（*Death of Sardanapalus*，图 21），引起轩然大波，这幅受到过官方正式警告的巨型画作源自拜伦的一部喜剧，讲述的是为了和平而牺牲个人的英雄故事。德拉克洛瓦出于个人目的颠覆了叙事高潮，将场景转化为死亡与毁灭的狂欢，其中亚述国王萨丹纳帕路斯神情泰然自若。1912 年夏加尔的《献给我的未婚妻》在独立画展上展出，这幅画同样惹恼了大众，审查员坚持要夏加尔重绘右下角“不合规则”的灯，使其看起来不那么像阴茎。虽然夏加尔不太可能看过德拉克罗瓦的作品（此画直到 1921 年才由卢浮宫购得），但这幅作品的插图在 1873 年之后就开始流通了，而且，夏加尔的朋友，评论家纪尧姆·阿波利奈尔在 1911 年的《艺术编年史》（*Chroniques d'art*）中也提到了它。夏加尔笔下的人身牛头怪物（半牛半人）截取自萨丹纳帕路斯镜面图像，他们的相同之处在于两者均身处在混乱漩涡之中，是封闭空间内沉静的观察者。这两幅作品均反映出艺术创作与性欲之间的关系。《献给我的未婚妻》是夏加尔在“蜂巢”创作的第一幅画。阿波利奈尔说它是“抽鸦片的金驴”，夏加尔形容它“像是鲁本斯笔下的酒徒，只不过更为抽象罢了”。他只用了一个晚上的时间就完成了这幅作品，而且在没有光亮，完全“凭触觉”的情况下完成的，是这个时期夏加尔众多富于创造力与活力的绘画作品之一，采用了立体主义松散的结构，带来处于控制之下的高度幻想与非理性（似乎直接源于其无意识）。灯被打翻了，一个女人从画布上消失，另一个女人爬上来，具有性暗示意味地用裸露的双腿缠住牛头人的身体，瞄准他的嘴巴，啐了一连串“恶心的口水”（夏加尔语）。夏加尔传递出遭遇性欲放纵时的兴奋与激情，并且打破了人们的思维习惯——女人向戴着“面具”的半人半兽发出性暗示，这在当时并不常见。后者的表情毫不掩饰对肉欲的放纵。夏加尔令“精神现实”浮出画面，而那我们一般只有在梦中才可触及。

Chagall 911.

7

给俄国、驴和其他

To Russia，Donkeys and Others

1911 年；布上油彩；157cm×122cm；国家现代艺术博物馆，蓬皮杜艺术中心，巴黎

《给俄国、驴和其他》是献给夏加尔的朋友、诗人布莱·桑德拉尔的，与该时期许多画作一样，这个标题的含义相当隐晦。虽然标题中的“驴”也可能指的是夏加尔 1912 年计划参与的“驴尾派”展览。颇具意味的是，这幅画中并没有驴，只有一头正给小牛（或是小羔羊）喂奶的、双眸有如小鹿眼睛般清澈的母牛。一个孩子高高地坐在村里倾斜的屋顶上。挤奶女工手里握着桶，在夜空中飘向母牛，她的头部和肩膀分离，她的灵魂“渴望着广袤无垠的天空”。这幅画来自画家大量描绘俄国农夫生活的自然主义及半自然主义水彩画和油画作品。但这幅基于立体派直线与斜线体系构建出的大型油画作品，有着神秘的、超脱尘世的特质。画中存在不符合逻辑的内容，人物摆脱了重力的影响，呈现出与古老神话相关联的象征性共鸣。星光（1912 年日蚀之后添加上去的）从天鹅绒般的黑色夜空中射出，加强了这幅画神奇魔幻的气息。大多数著者将此画与罗慕路斯（Romulus）与雷穆斯（Remus）的传说（两个由母狼喂哺养大的孩子）联系起来，也有人指出［参见《夏加尔》（*Chagall*），苏珊·康普顿（Susan Compton）编辑，1985 年，第 37 页］这更有可能源自埃及女神哈索尔的形象（等同于希腊人眼中的阿佛洛狄忒）。传说哈索尔是个伟大的神，她创造了宇宙，并且每天早上都会生下太阳。她以母牛的形象出现，给法老阿蒙霍特普二世喂奶，法老就像是画中的孩子一样跪在她面前。夏加尔多年来居住在圣彼得堡和巴黎，城市生活让他接触到了维捷布斯克犹太圈子以外的运动与思想，对他来说，将这些关联建立起联系并不难，但童年的经历始终是其艺术创作的基石。他在 1944 年曾说过：“事实上，我使用母牛、挤奶女工、公鸡和小镇里的俄式建筑作为形式来源，是因为它们是我成长环境的一部分，毫无疑问，它们在我的视觉记忆里留下了最深刻的印象……早期影响所留下的重要印记……都会反映在艺术家的笔下。”

Chagall 1911 Paris

8

三点半（诗人）

Half Past Three（The Poet）

1911年；布上油彩；196cm×145cm；费城艺术博物馆；露易丝和沃尔特·阿伦斯伯格夫妇收藏

1910年夏加尔到达巴黎时，立体派正值发展鼎盛期，但夏加尔最初的绘画作品反映了高更、凡·高以及野兽派对他的影响。接着他开始对立体派创始人帕布罗·毕加索、乔治·布拉克以及其他运用立体派手法以适应个人风格的画家（其中很多都是他的朋友）做出回应。《三点半（诗人）》是夏加尔在该时期画作中最具立体派风格的一幅作品。人物和地面呈一体，平面物体在扁平而倾斜的表面上相互渗透与重叠，赋予整体图像以纸张剪裁的表象。右上角错视画法的装饰品是一幅窗帘或是一块墙纸。作品中这一现实元素结合了立体派的形式结构以及人们所熟悉的夏加尔的主题：分离、倒置的头。画面整体被明亮而透明的红色、蓝色和绿色所激发，这些颜色在人物、猫咪、桌子和窗帘间切换，反映出德劳内光与色彩的试验对夏加尔产生的影响。夏加尔自己也写诗，相比于其他画家，他对待诗人和作家总是更为友善，虽然他强烈反对别人称他为“文学化的画家”。在巴黎，他创作的肖像画非常少，但居住在“蜂巢”的伙伴麦辛（Mazin），一位默默无闻的诗人的形象却是他两幅肖像画的主题之一。《三点半（诗人）》正是从另一幅肖像油画作品《诗人：麦辛》（*The Poet, Mazin*，1911—1912年）发展演变而来，后者本身完全不属于自然主义画作。在这两幅画中，麦辛均安静地坐在角落里喝酒。这幅画的标题让我们相信画中时间正是凌晨三点半，而诗人的灵感犹如玉液琼浆般涌动。麦辛，或者甚至就是夏加尔本人（有人指出该人物代表绘画和诗歌艺术表达的不同方面）手中握着钢笔，对着一页纸冥想着，纸上是一首用西里尔文写的情诗，献给维捷布斯克家中的贝拉。

Chagall

9

我与我的村庄

I and the Village

1911 年；布上油彩；192.1cm×152.4cm；现代艺术博物馆，纽约；西蒙·古根汉姆基金会，纽约

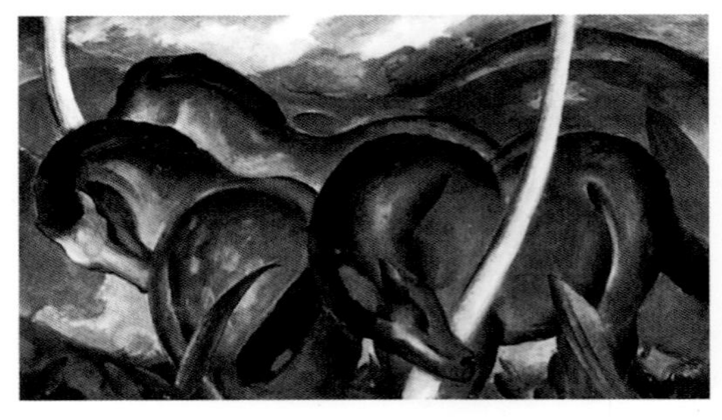

图 22

弗朗兹·马尔克绘
蓝马

1911 年；布上油彩；
103.5cm×108cm；
沃克艺术中心，
明尼阿波利斯

“阿波利奈尔坐了下来，脸色通红。他挺起胸脯，一边笑着，一边小声说了一句‘真是不可思议！超自然……’次日，我收到了诗人的来信，信封里是一首写给我的诗，名叫《Rotsoge》。”当时，阿波利奈尔正在前往“蜂巢”的路上，从他对夏加尔的评论中不难看出，像《我与我的村庄》这样的作品在当时反响巨大。作品中宝石一般靓丽的色彩，漆涂层般平滑的表面，以及丰富的形式和符号语言，标志着夏加尔的创作达到了另一个高峰。1914 年，夏加尔在柏林举办了首次个人作品展。立体派手法和奥费主义透明色彩处理方式的结合让夏加尔的作品逐渐形成了一种新的风格：写实中融入了记忆与想象。夏加尔对色彩与形式进行富于表现力和诗意地安排，将幻想、非理性和变形具象地体现出来。从很大程度上来说，这些完全原创的形象，是夏加尔对儿时故乡俄国的回溯与重构，而《我与我的村庄》正是这种新型表达方式的典型，探讨了对遗失的过去的怀念之情。同德国表现主义艺术家弗朗兹·马尔克一样，夏加尔笔下常出现动物的形象，他对这些动物怀有怜悯之心。然而，与马尔克“远离人类”的向往不同的是（图 22），夏加尔将人类与他们的牲畜牢牢绑在一起，让他们相互依存［比如《牛贩子》（*The Cattle Dealer*，图 2），以及之后创作的《农民的生活》（*Peasant Lift*，图 3）］，这种彼此依靠、和谐相处的关系最符合自然的法则。《我与我的村庄》呈现出的正是人与动物彼此依存的理想，圆形图案让人想起画家的另一幅作品《向阿波利奈尔致敬》（彩色图版 10）。《我与我的村庄》中，一个俄国农民（夏加尔本人的化身）和一头牛（人和牛的脖子上都挂着十字架和念珠项链）目不转睛地凝视着对方，连接他们眼睛的那条线，似乎是对于彼此连结、统一的奖赏与礼赞。一个大脑袋（是夏加尔本人吗？）从教堂的门洞里探了出来，农民与他妻子的位置正好上下颠倒相对，仿佛演绎着梦境中的场景，而在牛的脸颊上，一位农妇正在挤奶。牛脸与人脸之间，夏加尔画了一小棵象征“生命之树”的“宝石”树，意味着生命的永恒。画面如诗如梦，引人入胜。

Chagall.
1911. Paris

10

向阿波利奈尔致敬

Homage to Apollinaire

1911—1912 年；布上油彩、金银粉；200cm×189.5cm；
埃因霍温市立美术馆

图 23
马萨乔绘
驱逐亚当和夏娃

约 1425 年；湿壁画；
布兰卡奇礼拜堂，
佛罗伦萨

图 24
该隐与亚伯

1911 年；纸上水粉；
22cm×28.5cm；
私人收藏，巴塞尔

这幅画在欧洲绘画史上占有重要地位，构图复杂而神秘。1914 年，它首次在柏林瓦尔登的狂飙画廊向公众展出，代表着夏加尔在巴黎创作生涯第一阶段的最高成就。这幅作品内涵丰富，在艺术史里，人们对它有着各种各样的解读。神秘而内敛的夏加尔从不轻易表露出自己的意图，但早期的研究证实，这幅作品的创作灵感来源于《圣经·创世记》的篇章，夏加尔想要重塑亚当夏娃的故事——夏娃的诞生、亚当受到诱惑，以及人类的堕落。即使作品最终以风格化形态呈现，钟表（也就是彩色圆圈）中心的雌雄同体人物（具有无限象征内涵的形式）还是为上述说法提供了足够的佐证。有一种很有趣，但尚未得到公认的说法认为：画中的人物源自马萨乔在佛罗伦萨创作的《驱逐亚当和夏娃》（*Expulsion of Adam and Eve*）中夏娃的形象，该形象极具震撼力，动人心魄（图 23）。夏加尔从夏娃绝望的、张口乞求上帝原谅的神情中获取灵感，并用 20 世纪的方式来诠释神话。夏加尔对马萨乔的作品很感兴趣。这一点在水彩画《该隐与亚伯》（*Cain and Abel*）中得到进一步证实。画中，试图躲避兄弟怒杀的亚伯与马萨乔笔下的亚当形象如出一辙（图 24）。雌雄同体的亚当 / 夏娃可能起源于犹太神秘主义，这种神秘主义强调“二元统一”作为现实象征的重要性。虽然将文字和数字引入画中是公认的立体派手法，这些数字也可能表示的是时钟上的指针数字，但表盘上只有 9、0、1 这几个数字。按照犹太法典研究文献的说法，上帝在 9 点时发出警告，夏娃（和亚当）在 10 点时犯诫，11 点时接受审判与处罚。这幅献给阿波利奈尔的画同时提到了夏加尔生命中另外 3 个重要人物：桑德拉尔、瓦尔登还有乔托·卡努杜——他们的名字围绕在被箭刺穿的心脏周围。法语中这些名字同时具备双关含义，代表着空气、火、泥土和水这四大元素，这进一步强调了神秘炼金术的根源。不过这里还遗漏了一个人的名字——夏加尔的艺术家好友罗伯特·德劳内。夏加尔以一个大圆盘（象征宇宙统一，也受到奥费主义对于色彩、光、空间与形式构想的影响）向他表达敬意。

Chagall
Chg ll
Canudo
G Apollin R
CENdrAS
WALDEN

11

亚当与夏娃

Adam and Eve

1912 年；布上油彩；160.5cm×109cm；圣路易斯艺术博物馆

图 25

费尔南·莱热绘
抽烟的人

1911 年；布上油彩；
129cm×96.5cm；
古根海姆博物馆，纽约

从气质上来说，夏加尔并不适合做一名真正的立体派艺术家，但与其他在巴黎有着先锋倾向的艺术家一样，他不由自主地受到强制性美学体系的影响。从 1911 年起，他的作品中开始出现高度幻想与非理性的图像，他开始运用立体主义的形式与空间程式为结构，形成一种控制手段。《三点半（诗人）》（彩色图版 8）、《亚当与夏娃》以及之后的《立体景观》（彩色图版 25）都是夏加尔以立体派的方式创作出的构思最为精巧的作品，他通过自然主义风格或是幻想的元素颠覆了传统，提醒我们他对于“机械艺术”的矛盾心理，正如他在 1944 年接受的一次采访中说的“我们仅仅考虑物体对象的一方面……它的几何关系”。1913 年，《亚当与夏娃》以《树下的情侣》（*Couple Under the Tree*）为标题在独立沙龙展上展出。阿波利奈尔为它重新命名，在此次沙龙展展评中他形容这幅画是“大型装饰作品，色彩感强烈，让人印象深刻，大胆的天才，还有奇特而受尽苦难的灵魂”。从表面上看，这幅画与夏加尔接触过的大量艺术家作品雷同，尤其是巴黎私立艺术学校老师、第一本有关立体派书籍《立体主义》（*Du Cubisme*）的合著者让·梅青格尔（Jean Metzinger，1883—1956 年）的作品。费尔南·莱热（Fernand Léger，1881—1955 年）的《抽烟的人》（*Smokers*，图 25）对比鲜明的图案，程式化的团团烟雾以及扁平化、棱角分明的色彩平面，同样反映了该时期的风格以及本身可能产生的影响。《亚当与夏娃》很难看懂：看上去无序可循的细小块面、各种形状的碎片大量分散在作品表面，人物一下子闯进这些平面。只有夏娃采摘果实的苹果树上生长出自然状态的枝叶和果实，而远方黎明曙光下的岩石，以及山羊和鹿（鹿角头上站着一只鸟）则表明某种神奇的象征性存在，让画作抽离出在夏加尔看来是空洞的形式主义的立体派美学，转而进入到人们更为熟悉的幻想王国。

Chagall

12

小提琴手

The Fiddler

1912—1913 年；布上油彩；188cm×158cm；
阿姆斯特丹市立博物馆

图 26
绿色小提琴手

1923—1924 年；布上油彩；
198cm×108.6cm；
古根海姆博物馆，纽约

一个脚踩在小木屋顶上打着节奏的绿脸小提琴手是贯穿夏加尔整个创作生涯的形象，他的各种变体可以在《死者》（彩色图版 2）之后创作的许多作品中找到。夏加尔笔下的小提琴手们很少出现在地面上，他们是谜一般孤独的人，生活在梦之宇宙，是画家儿时记忆中的重要意象。在犹太小镇这个迷失的世界里，群体生活中的每项重要事件（婚礼、葬礼、宗教节日）均离不开这位传奇人物演奏的乐曲，伟大的犹太作家肖洛姆·阿莱赫姆曾这样描述过听众观看小提琴手演奏时的感受："除了看见他的手上上下下拉着弓弦，其他什么都看不到了……声音从指尖流了出来，旋律倾泻而出，一切都不一样了，但最重要的是音乐中包含着忧郁和悲痛。那些人屏住呼吸地听着；心中充满着感情，眼里噙满了泪水。"《小提琴手》于 1914 年春天在独立沙龙展上展出，它忽视了当时所有的衡量标准与逻辑，其创作理念有可能基于夏加尔同时期描绘的 1905 年失败的俄国革命（之前有一幅油画和一幅水粉画）。1912 年，在巴黎流亡者募捐活动上，有一位名叫爱德华·索尔姆斯（Edward Sormus）的爱沙尼亚小提琴手，有报道称，当时他一直在圣彼得堡的大街小巷参加示威活动，还一直拉着小提琴。背景中的细节，比如雪中的脚印（其中一个呈血色）以及三个头的小矮人，可能暗示着暴力以及民众的愤怒。其他意象的引用，一棵天堂树、头顶光环瘦削的天使（胳膊向外伸展，做出拥抱的手势）以及小提琴手绿色的脸庞（暗示神情恍惚或产生幻觉）将画面带回到夏加尔更为熟悉的虚构世界。1920 年他为莫斯科国家犹太室内剧场创作的壁画项目《音乐》（构图相同，但背景有变化）说明这一特殊形象对于夏加尔别具意义。之后，夏加尔永远地离开了俄国，对于未来的俄国艺术家，他不抱任何希望。1923 至 1924 年间，夏加尔在这幅画的基础上，绘制了《绿色小提琴手》（*The Green Violinist*，图 26）的复制品。

13

七个手指的自画像

Self-Portrait with Seven Fingers

约 1912—1913 年；布上油彩；126cm×107cm；
阿姆斯特丹市立博物馆

图 27

《七个手指的自画像》习作

1911 年；纸上铅笔、水粉；
23cm×20cm；私人收藏

维捷布斯克——一个远离世界艺术中心的城市，却罕见地成了画家长久情感依恋的聚焦点。不太出现在夏加尔的想象中，却让他为之依恋的“场所精神”（“母城”以及熟悉的天际线、标志性木屋）在其一生创作中一次又一次地出现。当然，在巴黎，夏加尔的创作潜力得到了释放，而在《七个手指的自画像》中，俄国、巴黎这两个地方均以文字（希伯来文“俄国”和“巴黎”）和图像的形式被呈现。记忆中的维捷布斯克曾出现在《给俄国、驴和其他》（彩色图版 7）作品中的画架上，反映了夏加尔对于自己故乡的持续关注，透过他身后画室的窗户，可以瞥见铁质方尖塔（埃菲尔铁塔）直刺夜空，同样的景色很快又出现在该时期另一幅重要作品《窗外的巴黎》（彩色图版 16）中。《自画像》（彩色图版 1）与《七个手指的自画像》创作间隔只有四五年，但我们可以看出巴黎先锋派对夏加尔风格产生的深远影响：摆脱了近乎自然主义的限制，画布上充斥着非理性、不合逻辑、古怪而奇妙的风格。实际上，这幅油画的早期练习作品（图 27）已表明了夏加尔的创作意图，当然，习作只是与人物本身有关，并没有最终作品那么激进，在终稿里，艺术家的头和身体以外壳或外骨骼的形式，而并非采用立体派平面和角度处理方式进行构建。人物的眼睛吸引到了观者的注意，有点毕加索《亚维农的少女》（*Les Demoiselles d'Abignon*，1907 年）的味道——长着神像般的，或是戴着“原始”面具的眼睛，这证实了夏加尔与同时期艺术家一样留意到了民族志与民间艺术，并将这些元素融入自己的作品之中。夏加尔对于数字“7”的“迷信偏好”可以解释左手出现多指的情况，当然，也可能是因为在意第绪语中，以“用全部 7 个手指来做事”为表达方式称赞做事做得好。艺术家非常自豪地将长着 7 个手指的手放在面前的画布上，这意味着夏加尔很好地完成了这幅作品，虽然身在巴黎，但任何事都不能阻挡他的灵感源泉。事实上的确如此，1934 年时他曾写信给朋友，说道：“‘俄国画家’这一头衔对我来说比任何在国际上取得的名望都要重要……我的作品丝毫没有挣脱出我的乡愁，哪怕一分一毫。”

14

祷告的犹太人

Jew at Prayer

1912—1913 年；布上油彩；40cm×31cm；以色列博物馆，耶路撒冷

图 28
神圣的马车夫

1911—1912 年；布上油彩；148cm×118.5cm；私人收藏，德国

哈西德派是反知识、反理性的犹太信仰复兴运动的派别，在 18 世纪中期由神秘主义者、被称为“美名先生”的拉比巴尔·谢姆 - 托夫（Ba'al Shem-Tov）创立。热情欣喜地对待生活是哈西德派的特征，具体表现为情感的自然流露（在公共场合下跳跃、翻滚、扮小丑）、对宗教的狂热，以及信仰“快乐地侍奉上帝即是一切”。为了画画，夏加尔离开了严格遵守这种生活方式的家人，但犹太神秘主义的精神是他艺术创作源泉之根本，为他提供了创作素材。1914 年，夏加尔在返俄途中绘制了大量犹太巡回传教士、小贩、乞丐（彩色图版 18，图 4）的半自然主义的幻想人物肖像画，这一主题早在巴黎创作时期就已确立，比如《吸一口鼻烟》（*The Pinch of Snuff*, 1912 年）和《祷告的犹太人》。在这幅小幅重彩画中，佚名犹太人以风格化的形象坐着，聚精会神地看着书，四周是仪式与祷告的装饰：经文匣、流苏（缝制结圈或穗饰，以象征法律）以及妥拉经卷。犹太会堂，抑或是神学院黑暗而封闭的空间表明世界更多的是以学识和冥想来定义，并非快乐与情感。然而，在夏加尔成长的故乡，“哈巴德”（意思是智慧、远见、知识）或是犹太仪式派强调了这两种生活方式的重要性，而这幅画，与《神圣的马车夫》（*The Holy Coachman*，图 28，似乎代表随心所欲、兴高采烈的精神状态）形成视觉互补或是相互映衬，两幅画定义了亲密融洽环境下长大的夏加尔童年经历的重要元素。《神圣的马车夫》这幅画是桑德拉尔命名的，1914 年，作品经瓦尔登向公众倒置展出。喜欢模棱两可的夏加尔赞成自此之后将作品一直保持倒置（他经常在画布的各个位置上进行创作），奇怪的俯冲人物形象在结构上“难以理解”，甚至荒谬可笑。初始状态下［剧院作品回归这种初始状态，比如《玩纸牌的人》（*The Card Players*，1919 年）］，坐着的人向着后方俯下身子，他的胸口向外延伸，脸上惊奇或是惊讶的表情说明他正处在极度宗教癫狂的状态。现实与逻辑在夏加尔充满幻想、毫无逻辑的世界里无位置可言，在这样的世界里，儿时记忆中“哈西德派的神秘感”与（记忆中虚构的）“黄金大地”均为外来宇宙，在西方大都市观众看来，这既令人困惑，又有着迷人的魅力。正如夏加尔的传记作者埃弗罗斯所写的那样，这是“不断叠加的梦境”。

15

孕妇（母性）

Pregnant Woman（Maternity）

1913 年；布上油彩；194cm×114.9cm；阿姆斯特丹市立博物馆

图 29

俄国

1912—1913 年；纸上水粉；27cm×18.2cm；私人收藏

图 30

圣兆——雅罗斯拉夫画派圣像

约 1220 年；特列季亚科夫画廊，莫斯科

夏加尔深受俄国圣像画艺术影响，而《孕妇》与这种影响关系最为紧密，虽然同他的其他许多作品相比，这种表现形式并不那么明显。1906 年，夏加尔第一次接触圣像画，当时他刚搬往圣彼得堡居住。之后，他回忆起去沙皇亚历山大三世博物馆的场景，感觉自己“看到圣像画，心情异常平静……”透过它们，夏加尔发觉自己“为神秘主义与笃信宗教而生”。这些情感与他谈及的“哈西德派神秘感”相似，是内心反理性主义的反映，他坚信“……似乎，最重要的，是一种灵魂的状态……正直的心才是逻辑，人心自有其理，它是自由的。”不过，虽然圣像画以其悠久的历史，神圣的肃穆感，传统却富象征性的艺术表达方式给夏加尔留下了深刻印象，但他并没有想过自己创作圣像画。他的兴趣在于打破它们的原始意义，打造一种情境，将形式化象征性元素转化为彻底崭新而独创的——活跃的、世俗化的、充满个人独特色彩的风格，引领观者跳脱习惯与平淡，进入到一个“魔幻”的空间（安德烈·布勒东曾这样形容夏加尔的艺术）。水粉画《俄国》（*Russia*，图 29）之后，夏加尔创作了《孕妇》，其创作灵感来自于 13 世纪《圣兆》（*Znamenie*）或是《符号圣母》（*Virgin of the Sign*）（图 30）圣母玛利亚直视前方，胳膊外伸，胸脯上佩戴基督像的挂饰，在夏加尔的绘画作品中，俄国农妇“圣玛利亚”手指向子宫里尚未出生的男孩，这个男孩不仅清晰可见，而且发育完全成形，一副机警的样子。“圣玛利亚”绿色的面庞写满严肃，有着一张胡须男人的侧脸——也许表明受孕的不洁，但更可能是为强调女人繁殖力的象征，类似于古代文化中伟大的母亲形象，她们中许多都具备雌雄同体的特征。鸟儿、云朵、母牛与月亮栖息在光芒闪闪（橘色、黄色与红色火焰）的天空下，地面上的农夫准备让马儿劳作。俄国乡村生活节奏与习性和伟大的万物之母一样古老——这也许为理解水粉画《俄国》的标题提供了线索。

16

窗外的巴黎

Paris Through the Window

1913 年；布上油彩；135.9cm×141.6cm；古根海姆博物馆，纽约

图 31
阿波利奈尔与夏加尔

1910—1911 年；纸上墨汁、水粉；
私人珍藏

《窗外的巴黎》是夏加尔以巴黎为核心展开创作的全部绘画作品中的最后一幅，也是这些作品中最具代表性的。巴黎——作为“第二个维捷布斯克”，给夏加尔留下了万花筒般千变万化的印象。在《七个手指的自画像 》（彩色图版 13）中，我们只是在框起来的画室窗户上瞥见了巴黎的景色，而画家记忆中俄国的形象萦绕在画架上方。对此，夏加尔曾说过：“我以过去的姿态面对未来”。但在《窗外的巴黎》这幅绘画作品中，他正视当下，创作出包含巴黎所有生活经历的全景——埃菲尔铁塔是整幅画的背景。来自夏加尔朋友德劳内的影响是显而易见的，其不仅表现在埃菲尔铁塔（这是德劳内转向抽象艺术之前的重要创作特征）这一母题上，也表现在贯穿于作品构图中的透明的颜色和光线平面中，充斥着梦幻般理想世界的气息。夏加尔许多作品中出现的奇怪而随意的并置进一步加强了画面的魔幻气息：倒置的火车、水平方向上外出散步的夫妇、跳伞员，还有长着双面脸的男人和像斯芬克斯一样神秘的猫，后两者均莫测高深地凝视天空。这些任意并置的不合逻辑的元素在夏加尔朋友阿波利奈尔和桑德拉尔的诗歌中得到呼应，他的两位朋友都喜欢混乱与无意义，在诗句没有任何明显逻辑关联之处进行断句。“和我的朋友夏加尔一样，”桑德拉尔说，“我能画出一系列毫无意义的图画……”桑德拉尔为这幅画提供了标题，但也有说法称“阿波利奈尔那闻名于世的罗马人脸部轮廓”是窗边人物的原型（人们常常认为，那并非夏加尔本人）。人物手里画着的金色小心脏更加印证了这种说法，这颗心脏与《向阿波利奈尔致敬》（彩色图版 10）中被箭射穿的心脏一致。在向他们第一次相遇致敬的小幅水彩画《阿波利奈尔与夏加尔》（*Apollinaire and Chagall*，图 31）中，两个人在空中滑行，夏加尔的胳膊搂着被他称之为“温柔的宙斯”的肩膀，像是在保护着他，而这名男子浓厚的兴趣将对夏加尔未来的成功起到决定性作用。

17

杂技演员

Acrobat

1914 年；棕色布上油彩，裱于布上；42cm×32.5cm；
奥尔布赖特诺克斯美术馆，布法罗，纽约

与毕加索和乔治·鲁奥（Georges Rouault，1871—1958 年）在内的许多艺术家一样，对于夏加尔来说，马戏团是重要的隐喻，马戏团里的小丑和杂技演员的面具之下隐藏着一系列不同的含义与情感。这些人物历来处于边缘地带，他们扮演着角色，隐藏着忧伤，身上夹杂着痛苦与慈悲。夏加尔说："我一向视小丑、杂技演员和演员为人性的悲剧。对我来说，他们像是某些宗教画中的人物。"乔治·鲁奥也接受了交易商安布鲁瓦兹·沃拉尔的作品委托，创作了许多插图作品，包括表达相似情感的马戏团图片。他说"逗人发笑的闪闪发光的东西，连同生命的无限忧伤……我清楚地看到'小丑'就是我自己，我们所有人都是'小丑'……"自 10 世纪拜占庭文化传入俄国，马戏团就在人们生活中留下了历史的足迹。另外，夏加尔是在虔诚的哈西德教派环境下长大的，每年的节日和祈祷仪式（尤其是普珥节）都伴随着跳跃、翻滚、扮小丑等自发性质的表演。正是这样的成长环境始终滋养着夏加尔的想象力，尤其是马戏团杂技演员这个形象，成了他一生创作中反复出现的主题。在他最为重要的绘画作品中，比如在《犹太剧院介绍》（图 8）和《革命》（彩色图版 31）中，就包含这一主题，同时，它也是其他大量作品的唯一主题，色彩强烈的这一小幅作品就是个非常好的例子。密而不透的背景，瘦削的杂技演员身着色彩鲜艳的服装跃然于画布上，永远扮演同一种角色的表演者迅速地转着大圈、脚抬得很高、身形矫健而优雅，这些均强化了人物与生俱来的活力与优美的姿态。"我着迷于他们的色彩和装扮"，夏加尔写道，"渴望以新的方式画出他们扭曲的心灵。"

Chagall
1914

18

斋日（拿着柠檬的拉比）

Feast Day（Rabbi with Lemon）

1914 年；布上油彩；104cm×84cm；杜塞尔多夫北威邦艺术收藏中心

1914 年夏加尔前往俄国，打算在俄国待上 3 个月左右。但之后战争的爆发阻碍了他返回巴黎，他不得不留在了俄国，一待就是 8 年。所有重要作品要么留在了柏林，要么锁在了“蜂巢”的画室里。远离了之前的都市喧嚣，夏加尔第一次在维捷布斯克小镇体验到了与世隔绝的迷失感。在现实处境面前，他在巴黎时的思乡之情已荡然无存，继而开始了一系列的观察和研究，或者说是“记录”自己的故乡。这是一次新的发现之旅。他创作了大量写生习作，其中包括《祈祷的犹太人（维捷布斯克拉比）》（图 4），一件拥有巨大力量和吸引力的作品，将他之前作品的风格化与对老人头部敏锐地观察和自然主义地刻画相结合。黑白两色的鲜明对比，凹凸不平呈锯齿状的祷告围巾（映射出他戴的是皮革质地的护符），真诚炽烈的目光凝视反映出夏加尔处理作品的成熟与自信。《祈祷的犹太人（维捷布斯克拉比）》与《斋日（拿着柠檬的拉比）》均为这一时期夏加尔重要赞助人卡甘 - 查布柴所有，后者是犹太博物馆征集意见的幕后推动者。一位夏加尔早期传记作者称这一系列作品开辟了将日常生活转化为“伟大艺术”的先河——“在这里，犹太小镇已转化为引人注目的民族代表形象，成了根深蒂固的经典，与此同时，赋予象征符号全部内在意义”。正是夏加尔“敏锐地看待真实世界，感受到了高于现实的另一个世界”的这一倾向令阿波利奈尔称赞他的艺术为“超自然”。在《斋日》这幅画中，苦行、永恒的质朴和拉比头顶上的幻想形象——另一个极小的自我（或者是本我）结合在了一起。这幅画的创作灵感来自于苏克特丰收节（住棚节），而柠檬、棕榈叶在仪式上有着重要意义。不过对这种宗教象征意义不熟悉的人可能会理所当然地将这些对象当作诠释夏加尔着迷于“可能性统治着宇宙”观念，即“凡事皆有可能”的又一个例子。

19

维捷布斯克之上

Over Vitebsk

1914 年；布上油彩；70.8cm×90.2cm；安大略美术馆，多伦多；塞姆与阿亚拉・扎克赠送

夏加尔回到维捷布斯克后，他的绘画作品往往是对小镇现实的“记录”。“我画下看到的一切，”他写道，“……我对自己画的树篱、路标、地板、椅子感到很满意。”对于大多数艺术家来说，早期经历总会对他们的作品创作产生影响，夏加尔也一样，他更倾向于童年时就形成的神秘非理性的思维模式，而自然主义并不可能一直满足他的创作需求。《斋日（拿着柠檬的拉比）》（彩色图版 18）的“魔幻现实主义”被带入到《维捷布斯克之上》中。在这幅画中，“超自然”凌驾于现实（实际上相当单调无趣了）之上：从空旷的天际俯视维捷布斯克冬日的街景，比真人尺寸大的老伯伯缓缓地从画的中心飘过，他头上戴着帽子，手里拄着拐杖。在大灾难背景下的《白色十字架》（彩色图版 32）以及《战争》（彩色图版 45）中也可以看到这位身背麻袋的人，是个典型的犹太流浪汉。他不仅是传说里的人物，他步履蹒跚的形象在现实中东欧各个小镇大街上也随处可见。大量的游民——乞丐、小贩、拉比——会答应夏加尔摆个姿势让他画，为此还可以赚上几戈比，顺便坐下来歇一歇。在意第绪语（夏加尔的母语）中，人们习惯将乞丐沿街乞讨的行为叫作“去赶集”，可能夏加尔一直在为这种习语赋予视觉化表达。也可能是他一直想着逾越节圣餐那庄严的时刻，有人开门迎接先知以利亚来临（每张逾越节餐桌上都为先知准备了斟满酒的玻璃杯，也许这杯酒并不会有人喝，但它预示着弥赛亚的来临，因而逾越节传信象征着将人们从迫害和压制中解放）。在《我的生活》中，夏加尔回忆起开门的那刻，写道：“一簇星团在蓝色天鹅绒般的天空幕布下愈发洁白起来，深深地映入我的双眼，印入我的心房。但以利亚和他的白色战车在哪里呢？他装成一位羸弱的老人，驼背的乞丐，背上背着麻袋，手里拄着拐杖，难道还在院子里徘徊着要进屋去吗？‘我来了。我的酒杯放哪里了呢？’”

20

生日

The Birthday

1915 年；布上油彩；80.5cm×99.5cm；现代艺术博物馆，纽约

贝拉的形象——无论是未婚妻、妻子、母亲，还是恋人——都是夏加尔通过艺术这一手段，超越现实的边界，进入到另一个神话般王国的媒介。这些形象构成一首醉心于美好爱情的长诗，是夏加尔对他们婚姻结合的庆祝。1909 年，夏加尔与贝拉相识，1914 年他从巴黎回乡时，两人重新联络起来，夏加尔时不时会担心他们的关系抵不过长期分离，虽然遭到了贝拉家里人反对（富裕的资产阶级珠宝商并不认可夏加尔卑微的出身），他们还是筹备了婚礼，夏加尔也开始创作一系列作品向他们的爱情致敬。其中这幅《生日》——夏加尔最早出现恋人在空中飞翔形象的作品——是两人喜出望外相遇的直观呈现。关于这一场景（夏加尔生日），贝拉在她的回忆录《初遇》中生动地描写了种种细节。为了庆生，贝拉采摘了鲜花，准备了食物、彩色披肩、丝绸围巾以及用来装饰夏加尔租来房间的绣花床罩。她刚一进屋，夏加尔一边在画布里乱翻着，一边对她说道，“别动……就这样待着！”贝拉又写道：“你把自己推到画布前，画布在你的手下颤抖着。你蘸着画笔。红色、蓝色、白色、黑色喷薄而出。你把我拉进色彩的洪波之中。突然间，你拉我脱离了地面……我们一起在装饰精致的房间里飞了起来。我们想从窗户穿过去。窗外的云朵、碧空召唤着我们……朵朵鲜花……在我们的下方漂浮了起来。”贝拉与夏加尔在想象中如田园牧歌般摆脱了重力的束缚（画中的夏加尔没有手臂），将爱侣间喜悦与兴奋的情感迸发（无论是真实的，还是具有隐喻意味的）转化为强烈抒情色彩的魅力表达。《生日》是 20 世纪绘画中最具想象力，最能诠释不朽的爱的呼唤的一幅作品。

21

躺着的诗人

The Poet Reclining

1915 年；纸板上油彩；77cm×77.5cm；泰特美术馆，伦敦

尽管贝拉的父母心存疑虑，但还是为女儿和夏加尔置办了奢华的婚宴庆祝。夏加尔写道，对于自己这个“彻头彻尾谦卑的犹太人”来说，那简直是他从未体验过的饕餮盛宴——“堆成山的葡萄和水果，多到数不清的可口菜肴”。之后，夏加尔与贝拉前往维捷布斯克附近的村庄进行短暂的蜜月之旅，《躺着的诗人》就是此时期夏加尔绘制的大量乡下恬静图景中的一幅，其准确地反映了之后在《我的生活》中描述的场景：“森林、松树、孤寂。躲在森林身后的月亮。牲口圈里的小猪，窗外田野间的马匹。淡紫色的天空。”夏加尔将这样的自然景观与画作本身合二为一，并在画布底端插入“诗人”（夏加尔本人）这一人物形象，如中世纪墓葬雕像般一动不动地躺着。这位人物经过改造的立体主义与其余形象朴素的自然主义截然不同，有点让人想起夏加尔在巴黎时就已熟识的“收税员”卢梭（Rousseau，1844—1910 年）的作品。诗人躺在地上进入梦乡，我们发现，夏加尔的“魔幻现实主义”不仅是将人物的脑袋与肩膀分离，让他飘浮到了天花板，并且以深奥的拟人论、“原始的”泛灵论方式进行表达，认为自然界万物皆有灵。这种信仰在哈西德派中并不常见，而我们从他的回忆录中了解到，他依靠信仰与母牛、小猪、山羊、小鸡与马匹交谈，这些动物在维捷布斯克的花园和小巷间自由漫步，经常出现在他的作品中，对我们来说并不陌生。信仰本身让夏加尔与自然界（植物、树木、花朵）、宇宙维持关联。对夏加尔来说，创作与转变是一回事，他深信两者均与呼吸同在。

22

蓝色的房子

The Blue House

1917 年；布上油彩；66cm×97cm；列日现代艺术博物馆

1915 年夏加尔与贝拉完婚后，便搬到彼得格勒以避服兵役。在接下来的几年中，夏加尔当起了战争经济办公室文员。这段时期，他参与了几场重要展览，并与一群作家和知识分子交上了朋友。1916 年，女儿伊达出生了，全家人在维捷布斯克或是附近的村庄度假休息。夏加尔刚刚从巴黎返回维捷布斯克时的代表作是一系列现实主义习作或“记录”维捷布斯克及其环境的作品，而他在 1917 年夏天回家时绘制的一系列新作品在构思上却并不那么现实主义，也更具深远意义。夏加尔取材自挚爱的风景，《蓝色的房子》这幅画的前景是一堵红色墙砖加固的乡村木屋，木屋下方是流淌着的德维纳河。远处，城市的石质建筑聚集在修道院周围，其巴洛克风格塔楼远在天际。画里没有出现明显的人物，这在夏加尔的画中并不常见，虽然仔细观察后能发现一头猪在前景中心处觅食，沿着小路往河边望去有一个微小的人影，以及昏暗的房子内部隐约可以看见一个坐着的妇女，她的一半身子被遮住了，阳光洒在了她的裙子和一只脚上。初步看来，与芥末黄大地形成对照的亮蓝色的房子，远处城市上空密布的乌云，两者间的景色看起来如现实幻象。但实际上，整体画面被最为温和的地震震动所轻微干扰，水平与垂直面呈现出地震震动的效果。《画室》（彩色图版 5）中家具的动态效果与此如出一辙，夏加尔对于幻觉的偏爱将这幅作品从严格的自然主义转化为其魔幻对立面——这是夏加尔主观意识的反映。

23

向前！（旅行者）

Onward!（The Traveller）

1917 年；纸上石墨、水粉；38.1cm×48.7cm；安大略美术馆，多伦多；塞姆与阿亚拉·扎克赠送

图 32

向前！

1919—1920 年；纸板上油彩、铅笔；31cm×44cm；乔治·科斯塔斯基收藏，雅典

引人注目的“躺着的诗人”（夏加尔本人）（彩色图版 21）这一形象在俄国乡村午睡醒来，他站了起来，充满热情地上路了，他脚步抬得很高，奔向俄国先锋派全身心拥抱着的革命未来。“夏加尔”在俄语中有“大步行走”之意，夏加尔笔下跨过颜色最为湛蓝的天空（对他来说，该颜色始终象征着快乐与自由）的空降兵似乎是十月革命所带来活力与愉悦的完美化身，在艺术与政治上肩负着相同的抱负与目标。夏加尔担任维捷布斯克地区美术委员时恰逢革命一周年纪念，他举办了盛大的街上表演，其规模可与莫斯科和彼得格勒的相媲美。《向前，向前，没有停歇》或是《向前！（旅行者）》设计成装饰旗帜，与夏加尔其他“绿色的母牛和飞行的马匹”并排挂列，据心怀不满的党委官员说，这些形象“与马克思和列宁风马牛不相及”。之后的一个版本——《向前！》（*Forward!*，图 32）似乎是为果戈理《玩纸牌的人》（*Card Players*）和《婚礼》（*Wedding*）而设计的舞台幕布。尽管该项目从未真正成形，但这幅素描很有意思，它反映出（也许有点无意识反讽）夏加尔的艺术个人主义与最大竞争对手卡济米尔·马列维奇（Kazimir Malevich）的非具象艺术之间的较量。最终马列维奇凭借自身人格魅力及至上主义美学主宰了维捷布斯克艺术学校。以“UNOVIS”（对新艺术的肯定）为名称的至上主义被认为是“完整统一的体系……通过集体创作得以实现”。在“UNOVIS”方块背景之下，另一“旅行者”精力旺盛，大步向前。正像夏加尔从立体派中汲取许多元素融入自己的作品，却没有成为一名立体派艺术家一样——这次他开始（几乎是开玩笑地）将几何图形加入作品之中，却从来就没接受将毫不妥协的唯心主义理论作为实践基础。夏加尔一生中明确并重申自己艺术的人文因素。“让他们把三角形桌上四四方方的梨拿去吃个饱吧”，他曾这样轻蔑地揶揄立体派。在愈加疯狂的后革命俄国艺术政治氛围中，夏加尔渴望“一门心思作画”。“毕竟，”他写道，“艺术家，至少就我自己的情况而言，除了在画架前作画，也去不了什么其他地方了。”正是在这里，他相信可以用自己别具一格且奇思妙想的方式与全人类交流。

24

有玻璃酒杯的双人肖像

Double Portrait with Wineglass

1917—1918 年；布上油彩；235cm×137cm；国家现代艺术博物馆，蓬皮杜艺术中心，巴黎

图 33
罗伯特 · 德劳内绘
埃菲尔铁塔

1911 年；布上油彩；
202cm×138.5cm；
古根海姆博物馆，纽约

《有玻璃酒杯的双人肖像》在绘画精神上与《生日》(彩色图版 20)、《小镇之上》(*Over the Town*) 及《步行大道》(*The Promenade*) 同属一类。画中都是轻轻飘浮着的或是在空中飞行的恋人形象——从这开始，夏加尔便着迷于这一主题，多年来已形成其画作的鲜明特征。这些形象让观众感到惊奇的是，它们不仅表现了诸如“空中行走”、“云霄之上”这样的字面含义，同时也象征着夏加尔与贝拉在恋爱中经历的极致两性情感与感受：心灵摆脱了地球引力，要么与她一起漂浮在维捷布斯克屋顶之上，要么就像在这幅画中，他从德维纳河墨绿色水面上升起，跨坐在她的肩膀上。不过这幅洋溢着生命与爱的画面呈现的不仅是双人肖像，也是一幅庆祝双重喜悦的画面——夏加尔捕捉到了两人之间的相互吸引力，以及在经历 1917 年十月革命后所体验到的欣慰之感。对于被迫生活在沙俄社会与政治压迫下的犹太人来说，夏加尔相信俄国的变革与新秩序意味着乌托邦梦想的实现，在那短暂的几年内，他的乐观主义不无道理。为快乐的生活而干杯的《有玻璃酒杯的双人肖像》有着与德劳内《埃菲尔铁塔》(*Eiffel Tower*，图 33) 很像的构图结构，后者是夏加尔历来所熟知的表现摩登城市动态视觉的系列作品之一，但与往常一样，夏加尔将这种影响转化为完全属于自我独创的审美目标。这两幅画面中，垂直方向角度产生偏差，引人向上看，两幅画中的图像简直“触碰到了天空”。在夏加尔作品中，地球居民与神之间的关联表明犹太神秘主义劝勉人们要竭力与上帝幸福而和谐地相处。每个人都在拯救世界的过程中扮演了自己的角色，即使只是通过吃吃喝喝欢乐而喜悦的方式。夏加尔手拿神圣的玻璃酒杯，离上帝之光更近了。用犹太神秘主义的术语来说，他“让心灵的火花升起”。

25

立体景观

Cubist Landscape

1918 年；布上油彩；100cm×59cm；国家现代艺术博物馆，蓬皮杜艺术中心，巴黎

图 34

胡安 · 格里斯绘
塞雷的景色和房子

1913 年；布上油彩；100cm×65cm；私人收藏

创作《立体景观》时（标注日期是 1918 年，但可能是 1919 年时完成），夏加尔仍在维捷布斯克革命艺术与政治中心任职，这是他一生中唯一一次参与政治工作。作为美术委员，他无法像往常一样全情创作，不过他还是找时间作画，协助各种戏剧项目。同时，夏加尔的专著出版了，而且他很荣幸地在 1919 年 4 月至 7 月间参与了在彼得格勒老冬宫举办的第一次国家革命艺术展，他的作品被安排在两间特定展厅进行展示。夏加尔的画作获得了高度评价，在此次艺术展上售出 12 件——俄国境内最后一次如此“官方地”购买他的作品。《立体景观》是夏加尔该时期的重要作品，这幅有些异乎寻常的画作，代表着与夏加尔通常高度个人化的图像志的脱离。这幅画强烈的综合立体主义风格，令人想起这一流派代言人胡安 · 格里斯（Juan Gris，1887—1927 年），他与毕加索、布拉克一起将早期分析立体主义时期推向拼贴创作阶段，作品表面像拼贴画一般，比如《塞雷的景色和房子》（*Paysage et maisons à Ceret*，图 34）。在这幅有力而自信的作品中，格里斯非透明、相互重叠的块面体系（垂直、对角、水平及三角）赋予构图以强烈的空间结构，夏加尔在《立体景观》中采用了这种结构，虽然后一幅作品结构也显现出夏加尔对马列维奇的形式主义实验与至上主义很熟悉（尤其是半圆几何图形）。大约一年后，他在《犹太剧院介绍》（图 8）和《舞台上的爱情》中回归到这种形式当中。与《亚当与夏娃》（彩色图版 11）一样，夏加尔无法不“引用”抽象几何图像以外的世界，我们发现了在维捷布斯克艺术学校前，红线绘制的小小山羊与撑伞的男人走向彼此。除“夏加尔式奇思妙想”之外，木纹图案与字体的引用——在这幅画中，“夏加尔”名字反复用西里尔文、罗马体以及（有一次）希伯来文书写——是典型的立体派方式，也许表明对昔日走过漫漫长路的再现或回溯，即对巴黎与 1914 年后遗失世界的思念之情。1914 年夏加尔返回俄国，不料深陷战争与革命之中，而事情的发展完全超出了他的控制。

Chagall
Шагал
witebsk 1918

26

窗边的伊达

Ida at the Window

1924 年；布上油彩；105cm×75cm；阿姆斯特丹市立博物馆

1922 年夏加尔离开俄国，对政府限制艺术家与知识分子的政策深感失望。一年后在柏林，他师从版画大师赫尔曼·施特鲁克（Hermann Struck），学习了蚀刻与雕刻技巧，返回巴黎后，他立刻接受沃拉尔的委托为果戈理的《死魂灵》创作插图（图 12）。虽然在当时，超现实主义在巴黎知识分子中影响最大，夏加尔并没有接受该派别成员的提议加入小组，后者是如此自觉地依赖“自动写作”以寻求创作源泉（即使 1911 至 1913 年间他的作品似乎预见了这场运动）。有了版画作品的稳定收入保障，夏加尔和家人在奥尔良大道画室安顿下来，并开始第一次探明法国乡村——风景成了他“钟爱的对象”。1924 年 6 月，伊达转眼间 8 岁了，他们去布列塔尼海岸外的布雷阿岛上度了一个月的假。过去几年在俄国饱受压力与痛苦的日子已成往事，《窗边的伊达》呈现出了之前夏加尔作品中少见的平静之感。也许令人想起亨利·马蒂斯的《敞开的窗子》（*Open Window*，1905 年），夏加尔描绘了女儿坐在床边的情形，她闷闷不乐地盯着风景看，她的身边摆放着一只花瓶，瓶里装的是色泽鲜艳的花朵。这一抹亮丽的色彩与作品中闪着银光的绿色、蓝色、白色主导色调形成强烈对比，后者呈现出北方夏天的模样——空气中充斥着轻柔而微妙的明度感，与地中海风格色调中清澈的颜色如此不同。尽管对夏加尔来说，他关注自然、色彩、光线与风景，却很少像印象派画家那样到室外写生。他更喜欢从窗口望出去的场景——从童年开始，室内与室外之间的界限就激起他的兴趣，这成了贯穿其一生作品的特色题材。夏加尔的传记作者弗朗兹·迈耶指出，夏加尔与美景的邂逅是“灵魂与世界关联的一种象征”，他几乎总是需要人物或是花朵进行额外介入，因为他关心的是“心灵深处与外界精神力量”之间的关系。

Marc Chagall

27

百合花下的恋人

Lovers under lilies

1922—1925 年；布上油彩；117cm×89cm；私人收藏

图 35

丁香花束中的恋人

1930 年；布上油彩；128cm×87cm；私人收藏

提到夏加尔，人们总是最先想起他有关恋人（无论是地面上的，空中飞行的或是被花束所围绕的）的绘画作品。1910 年至 1914 年他在巴黎期间，创作了《恋人们》（*The Lovers*，1911—1914 年），其拉开了夏加尔在画布上用一生时间歌颂对贝拉的爱的序幕。1914 年回到俄国之后，他绘制了《恋人们》的一整个系列，同时还有令人称奇、富有想象力的《生日》（彩色图版 20），后者是夏加尔最早描绘恋人在空中飞行的作品，直观地记录下自己与贝拉相遇时的狂喜之情。《百合花下的恋人》标志着这类人物形象新一轮循环的开始——只是当下，恋人们相依而伴，而不是像《生日》里手中拿着一小束长着嫩芽的花，而在一些情况下，整个花束好似并无重量，恋人们依偎在其茂密的枝叶上（图 35）。这一题材早期可能受到卢布克版画或是俄国民间版画影响，那些画上的女人往往与花和扇子一起出现。如果情况确实如此，夏加尔一定是转化了母题，并使其成为自己的经典。《百合花下的恋人》是在 20 世纪 20 年代开始的新一轮作品中最为大胆与抒情的。精美描绘的人物上方是浓厚色彩的牡丹与百合，淡雅的天空背景勾勒出它们的轮廓，画面流露出一股宁静而温柔的全新情绪，这正是因为在严酷的俄国革命后，夏加尔与家人来到法国定居，开始了新生活。夏加尔是 20 世纪最杰出的色彩大师，而此次他对于色彩的态度发生了改变，这与乡村的探访与恋人、花朵的新一轮作品紧密相关。同康定斯基一样，夏加尔相信“颜色直接影响到人的灵魂”，他找到了一种调配色调的方法，以创作出可以深度反映作品主旨的色彩之网或色彩“组织”，一种最终走向（彩色玻璃与绘画作品）强烈的、热烈的、非自然（通常是比较独立的形式）的色彩变化，如今我们从他之后的作品中可以联想到这种变化。夏加尔与作家、诗人和画家安德烈·费尔德（André Verdet）交谈中回忆起自己生命中花朵的重要意义：“你会纳闷很久，花朵意味着什么，但对我来说，它们就是生命本身，闪耀着快乐的光芒。没有花朵，我们什么都做不了。花朵帮你忘记生活的悲剧，但它们也能映射出悲剧……”

922-925
Chagall
Marc

28

被箭射伤的鸟

The Bird Wounded by an Arrow

约 1927 年；水粉；51.4cm×41.1cm；阿姆斯特丹市立博物馆

图 36
卡尔 · 吉拉德特绘
被箭射伤的鸟

拉封丹寓言集小插图，
图尔，1858 年，
第二卷，寓言 6

夏加尔，一个俄国犹太人，要为学校课程教授的 17 世纪法国文学名著拉封丹的《寓言集》创作新版插图的消息在巴黎引起一阵骚乱，人们看不起他，轻蔑地称他是众议院里“维捷布斯克画广告牌的”。在果戈理《死魂灵》的蚀刻版画（图 12）之后，一直委托夏加尔创作作品的安布鲁瓦兹 · 沃拉尔对评论界做出回应，他指出《寓言集》有着永恒的普世意义，但完全没有创新故事，而是套用和改编了诸如伊索寓言，及印度、波斯、阿拉伯和中国的民间传说内容。19 世纪早期，俄国寓言作家伊凡 · 克雷洛夫（Ivan Krylov）曾改编过这些故事，夏加尔大概对这些很熟悉。不过沃拉尔坚持让夏加尔接受委托任务，更多的是源于他坚信艺术家、寓言作家与诗人最有可能以自我媒介传递文字精神，创造出对等的视觉作品。“在我看来，”沃拉尔说，“我只会委托有性情的，有着创新才能的，可迸发出绘画理念的艺术家来绘制这些插画……在我看来，从某种意义上来讲，其（夏加尔）审美观与拉封丹的类似，微妙而细腻，现实而奇幻。”沃拉尔最初的打算是由夏加尔基于之前的水粉画创作一系列彩色蚀刻版画。但在种种尝试过后，事实证明无法将原始水粉画转译为不同介质，夏加尔最终通过一组 100 张黑白蚀刻版画的方式达到了很不错的效果，以某种方式使作品实现了与水粉画类相近的自由度。夏加尔创作水粉画时，一直待在法国乡村，我们可以从他在那个时期的作品中看出，他对乡村生活的观察，以及在人类与动物相互依存性上的有趣发现，都极大地影响了他的创作。在这个《寓言集》的世界里，夏加尔并不想阐明故事道德“说教”的一面，而是想表明奇异的、悲情的、幽默的方面，他又一次借鉴了儿时记忆中熟悉的世界，以及根深蒂固的对动物与自然界的共情认同感。在《被箭射的鸟》（与凡 · 高的影线与笔触非常像）中，夏加尔直接运用 18 世纪插画师卡尔 · 吉拉德特（Carl Girardet）的雕版小插图（图 36），以独特的方式表现出道德感，可能在安抚受伤的法国人，受伤躺在地面上的小鸟对猎人的轻率与冷酷感到悲痛，他将装有另一只鸟的羽毛的致命一箭射了出去。

29

梦

The Dream

1927 年；布上油彩；81cm×100cm；巴黎现代艺术博物馆

20 世纪 20 年代，夏加尔一直忙于沃拉尔的委托作品，果戈理《死魂灵》的蚀刻版画（图 12）刚完成，沃拉尔便提议他着手接下来的两个项目——拉封丹的《寓言集》以及基于马戏团的系列作品。《梦》（之前标题是“兔子”）蕴含着这两个系列故事的风格，但与它们都有所不同，因为夏加尔在两年前就绘制过这一主题的早期版本。《在驴子上》（*On the Donkey*）以更为高雅得体的形式预示着《梦》的核心主题，被弗朗兹·迈耶描述为“一个令人沉醉的、讲述人类与野兽相互信赖、亲如兄弟的寓言故事……她的哥哥是头驴子，驴子带走了她”。看起来更有可能的是，女孩或是新娘被她的恋人或是夏加尔掳走，这种假设在《梦》中得到加强，自然而然让人产生联想，一个仰卧的女人，胸部裸露着躺在一个混种生物（兔子或驴子，说法各不一）的背上，这里表达的是性欲的放纵，而不是“亲如兄弟间的信赖”。蜕变或是伪装化身几乎一向是夏加尔内在创作的目的，人物形象表现出的纵欲可能也是对欧罗巴神话故事的戏拟（欧罗巴被化身为公牛的朱庇特掳走和引诱）。无论夏加尔进行的是否是“超现实主义”自我意识创作，其作品画面的冲击力、标题，以及令人困惑、匪夷所思的上下倒置的梦中场景（人物与风景均有悖于逻辑，如摆脱地球重力）表明他触及到了梦境世界的最深处。这幅画从以诸如男（女）人、动物、世界、夜晚与月亮，以及肉欲的化身这类以原型象征（archetypal symbols）为中心的异教生命力中获取力量。肉欲潜而不漏，却又溢于言表，在月亮的照耀下，“奇怪生物”及其背负之物在大地与天空之间遨游。

30

绿衣贝拉

Bella in Green

1934—1935 年；布上油彩；99.5cm×81cm；
阿姆斯特丹市立博物馆

图 37
贝拉·夏加尔为《绿衣贝拉》摆造型

1934 年；照片

20 世纪 20 年代，夏加尔频繁地去法国旅行，30 年代末纳粹横行时，他开始到更远的地方旅行以寻找灵感。1930 年 1 月，夏加尔接受沃拉尔委托，创作《圣经》系列蚀刻版画与水粉画等重要作品。这促使夏加尔亲自走访《圣经》中提到的地点，体验热度、光亮，亲眼目睹壮丽景色。1932 年、1934 年他又分别前往荷兰、西班牙旅行，他看到了伦勃朗（Rembrandt，1606—1669 年），还有西班牙大师埃尔·格列柯（El Greco，1541—1614 年），委拉斯凯兹（Velázquez，1599—1660 年）和戈雅（Goya，1746—1828 年）的作品，这些都赋予了他的作品以崭新而永恒的意义。从《圣经》蚀刻版画构图结构以及这幅体现精湛技艺的贝拉正式画像中可以看出老大师对于夏加尔的影响，让人想起西班牙宫廷画像技法与 17 世纪荷兰传统。她身穿深绿色丝绒连衣裙，有设计感的蕾丝领子与袖口为她平添了一丝活力，她手上拿着装饰扇子，肩膀上有一束丁香，这幅贝拉的肖像画强调写实再现，在夏加尔的全部作品中相对少见。从贝拉为《绿衣贝拉》肖像画摆造型的照片（图 37）中可以看出他的精准观察与现实很接近，尽管从这幅作品的早期研究来看，夏加尔更热衷于其他更富想象力与灵感的恋人与花的形象。在草图中，贝拉被描绘为年轻女孩，头上围绕着一圈鲜花，身边还有天使站着保护她。在终稿中，真实化渲染的画面上，只有一个有着鬼影轮廓般的小天使飘浮在空中，出现在贝拉的头部右边，这个模糊的形象与《有玻璃酒杯的双人肖像》（彩色图版 24）中夏加尔头上飘浮在空中的人物很相似，当时夏加尔喜悦地拿起酒杯向快乐的生活致敬——这一形象在圣画像中很普遍，并频繁地出现在夏加尔的作品之中，几乎可以视为一个明显特征。

31

革命（习作）

Study for The Revolution

1937 年；布上油彩；50cm×100cm；国家现代艺术博物馆，蓬皮杜艺术中心，巴黎

宏伟的油画《革命》现在只剩下这幅完整的油画习作和一些工作草图，原作被夏加尔切割成了三个部分，之后又重新绘制。其中的两个部分——《反抗》与《解放》，在标题上隐含革命之意，可能就是在原始画布上完成的。夏加尔希望像毕加索的《格尔尼卡》（*Guernica*，1937 年）一样，就西班牙内战和逼近的纳粹主义威胁发表一项重要的个人政治声明——通过 20 年前个人经验角度来呈现的。没有人会像犹太人与先锋派艺术家那样热情地拥抱俄国革命，犹太人第一次成为真正的国家公民，而艺术家与革命政治间毫无冲突与分歧，先锋派的形式主义试验代表着“人民群众”。这种浪漫的错觉很快遭到压制，1920 年（饥荒与内战之年），列宁出版了题为《共产主义运动中的左派幼稚病》的宣传书籍，谴责了先锋派所有艺术倾向，要求以新的审美（社会主义现实主义），即工人、农民与工业生产的“英雄形象”取代至上主义的“几何图形”。1922 年，夏加尔离开俄国，排除万难，完成了自己第一件巨幅作品《犹太剧院介绍》（图 8）。他对目睹的一切深感失望，有如此的经历才能诠释《革命》。左侧的革命暴徒挥舞着棍子和旗子，这是第一次出现在夏加尔作品中的形象；在右侧，可以看到熟悉的表演场景，有恋人、动物、空中飘浮的人物、音乐家以及画架前的艺术家。一片白色土地或者是一个舞台在两块区域中开辟出一条路——在这个舞台上貌似列宁的人物做出惊人的动作，他的双腿间夹着法国三色旗，把另一只手臂空了出来，指向夏加尔“自由理想”与爱的世界。列宁身边最靠近暴徒的地方坐着一位神态忧伤、陷入沉思的犹太人（《孤独》，图 13），他的脚旁是墓碑、尸体，白雪皑皑的地面上出现斑斑血迹——预示着苦难即将到来。难道夏加尔是刻意使列宁（“颠覆了俄国”的人）成为人们的嘲笑对象吗，还是表演平衡艺术的是布尔什维克的“小丑”或杂技演员？这样的小丑或杂技演员是夏加尔笔下“悲剧性人物”之一，他们是传递出所有隐藏含义的“普通人”。也许夏加尔赋予马戏团以生命复杂性这一核心寓意，意在凸显所有群众运动的核心矛盾——如何在剧烈的社会动荡与政局变化中保护个人自由。无论事实真相如何，作品传递出的信息着实过于复杂，其象征主义色彩太浓烈，多种因素的融合是成功的，而夏加尔将一切静静地摆放在那里，像是那红色旗子一般。

32

白色的耶稣受难

White Crucifixion

1938 年；布上油彩；155cm×139.5cm；芝加哥艺术学院，
阿尔弗雷德·S·阿尔舒勒赠送

1934 年，夏加尔的《吸一口鼻烟》（1912 年）——被曼海姆美术馆购得——是城市橱窗陈列里预兆不祥的对象，它打着这样的标语："纳税人，你应该知道自己是怎么花钱的"。这幅画随后同夏加尔的另外三幅作品一起被纳入臭名昭著的"堕落艺术"展览中，于 1937 年至 1941 年间在德国、奥地利巡回展出。这些事件连同 1935 年夏加尔到波兰访问一起，使犹太人身处危险与孤立隔离状态成了夏加尔关注的焦点——纳粹残暴行为愈演愈烈，驱逐犹太人出境事件频繁发生，犹太教会堂燃起熊熊大火。他运用西方基督教传统（基督受难）视觉语言表达自己的万分痛苦，并将这一形象转变为犹太殉道者痛苦且不可救赎的象征符号。在夏加尔对危机做出回应（图 15、17）的一系列作品之中，《白色的耶稣受难》作为第一幅，也是最为有力的作品，在当代艺术史中占据重要位置。在这幅画里，夏加尔将受难的人物脱离了与基督教的特定联系，将这位犹太人耶稣置于精心策划的暴力、熊熊大火以及纳粹亵渎的漩涡中心——这些形象很明显源自他儿时记忆中的大屠杀。这些形象（与俄国圣像画传统相同的是，其忽略了透视规律与叙事顺序）出现在中心人物周围，分散在各个角落，但他们痛苦与失望的感受是相同的。恐怖的漩涡蔓延着：房子、犹太教会堂、妥拉经卷烧了起来，坐满难民的船划走了，全副武装的暴徒来到山上，一个人带着妥拉经卷逃走了，另一个人胸前的毯子上写着"我是犹太人"的字样，他伸出双手祈求着。这里还出现了熟悉的乞丐人物（或以利亚），背上背着包（彩色图版 19、45），宣布弥赛亚就要降临，他想在这困难时刻帮助自己的子民，但他的行动是徒劳的。斜上方射入的一束强烈白光照亮了整幅画，画面呈现出统一感。此外，画面上方还漂浮着《旧约》中的一位长者，他悲伤而无助地目睹这场人类无法理解的、不断蔓延的灾难。

I.N.R.I.
ישו הנוצרי מלכא דיהודאי

33

时间是一条无岸之河

Time is a River Without Banks

1930—1939 年；布上油彩；100cm×81.3cm；现代艺术博物馆，纽约

这是夏加尔最为“超现实”的作品。1914 年，神秘的作品《钟》（*Clock*）中出现过的挂钟的形象，与德维纳河水面上的飞鸟怪异地联结在一起。图像之神秘程度不亚于 19 世纪诗人洛特雷阿蒙（Lautréamont）对“美丽”的定义：缝纫机与伞在手术台上偶然相遇。稀奇古怪的并置方式，借鉴了超现实主义“寻找不相容的物体，以意想不到的方式结合起来作为象征”的手法，这与夏加尔的品味很接近，即对于惊奇与模棱两可的偏爱。不过当超现实主义者相信“梦境无所不能……并且……真实客观的想法”可以唤起意象时，夏加尔基于自己的儿时记忆构建出的世界，发展成强烈个人风格的绘画象征主义。1946 年，他讲起自己的作品时说：“我对它们完全不理解。它们不是文学作品。它们只是萦绕我心中的图像布局而已……”《时间是一条无岸之河》（标题源自奥维德《变形记》中的故事情节）包含了夏加尔一生中都痴迷的众多形象：维捷布斯克城镇、河流、恋人、小提琴手、被为生计而愁的父亲拖进腌渍桶里的鲱鱼、儿时家中起居室里珍爱的钟表。这幅令人不安的作品中出现的所有这些事物以及典型的夏加尔蓝，颠覆了对事物逻辑顺序的所有预期，带我们走入梦境与幻象的国度。钟摆在其厚重的巴洛克玻璃柜后方剧烈地摇摆着，象征着夏加尔失去的童年，同时，夏加尔说，它还是“特别神秘的物体”，象征着时光的流逝——这一形象自 20 世纪 30 年代初一直到战争年代及战后出现在其大量作品中，它悬在空中，漂浮着，飞翔着，甚至在雪地中蹒跚踽步（彩色图版 39）。这些作品中最令人不安的是《冬天》（*Winter*，1941 年），画中有一只长着翅膀的钟壳，钟面上有个钉在十字架上的人，他站在俄国村庄冰天雪地的大街上，明显与夏加尔的十字架意象相关（图 17）。这一切表明夏加尔画的“钟”可能与那段时间作品中其他核心意象混为一体，殉道犹太人 / 艺术家的形象——受人嘲笑、轻视和辱骂，最终被钉在十字架上。作品中的悲伤与失望让人联想到欧洲的动荡，这也导致了夏加尔又一次流亡他乡。

34

夏日午后的麦田：阿列科

A Wheatfield on a Summer’s Afternoon：Aleko

1942 年；水粉、水彩，用毛笔和铅笔绘制；场景 3，为背景幕布所作草图；38.5cm×57cm；现代艺术博物馆，纽约；莉莉・P・布里斯遗赠

图 38

曾菲拉：《阿列科》芭蕾舞剧服装设计（场景 1）

1942 年；水粉、水彩和铅笔；53.5cm×37cm；现代艺术博物馆，纽约；莉莉・P 遗赠

夏加尔曾说过自己“总能保持乐观”，即使他对欧洲动荡的时局愈发焦虑不安，作品中预示灾难发生的意象也愈加多，他还是能够转移自己的注意力。法国被纳粹占领后，夏加尔与贝拉被迫流亡他乡，他们来到了纽约，很快夏加尔收到来自皮埃尔・马蒂斯（Pierre Matisse，亨利・马蒂斯的儿子）的参展邀约，后者成了他的交易商。夏加尔在美国流亡的日子里，皮埃尔频繁展出他的作品，并与他保持亲密的私人关系。夏加尔从未真正学会英语，他只与信任的流亡法国的艺术家、作家以及充满生气的俄侨社团接触，俄侨社团中还有他在莫斯科犹太室内剧场时就相识的老朋友。1942 年春天，俄国编舞指导莱奥尼德・马赛因邀请夏加尔为纽约芭蕾剧团《阿列科》设计布景服装，这部舞剧根据普希金的诗歌《茨冈》（*Gypsies*，关于背叛、嫉妒与死亡的悲惨爱情故事）改编，以柴可夫斯基钢琴三重奏曲为配乐。正是马赛因让夏加尔有机会证明自己是“保持乐观”的。公司没能让芭蕾舞剧在纽约首演，1942 年 8 月，他们来到墨西哥城，在那里夏加尔与皮埃尔继续密切合作。同创作犹太剧院壁挂画（图 8）一样，夏加尔参与到制作的每一个环节中，他全力避免哪怕有一丝自然主义出现在自己的作品中，因为他认为自己的艺术形式从根本上就是反写实的。“我们生活的世界与我们以这种方式进入的世界并不相同”，他说。芭蕾舞剧在墨西哥城与纽约均取得了巨大的成功，而成功的原因，从很大程度上来说，在于夏加尔设计的四幅大型背景幕布，它们的色彩与生命力让观众感到震撼。夏加尔的想象力被美国一望无垠的景观、墨西哥明亮的火焰所激发，在《夏日午后的麦田》中，血红色的太阳，红色、白色和黄色的靶心月亮嵌入在近乎抽象色域的亮黄色里，呈现出超越色彩与感觉的壮观景象——这种活力与紧迫感自夏加尔的莫斯科犹太剧院时光之后就没再出现过。

35

变戏法的人

The Juggler

1943 年；布上油彩；109cm×79cm；芝加哥艺术学院

夏加尔为芭蕾舞剧《阿列科》创作的作品在五光十色的墨西哥城受到瞩目，这部与“钉在十字架上受难”同时期的作品展现了奇妙的母题与明亮的色彩。夏加尔美国时期创作的主要作品之一《变戏法的人》（*The Juggler*）中的形象引人注目，一些新影响与之前作品中的图像志元素相结合，让作品充满神秘感与不确定性。鸟、野兽和鱼这些熟悉的动物元素从很早开始就出现在夏加尔的画布上（很大程度上，它们均源自他成长的环境），同时他还自创出神话动物元素——长翅膀的鱼、拉小提琴的母牛、鸟首人身的怪物（很像古埃及鸟头神荷鲁斯和托特）。从某种意义上来说，这些是他渴望在艺术作品中表达“心理现实”（潜意识）的动态投射。《变戏法的人》里，他回到马戏团的主题（对他来说，它是人类境况的重要隐喻）。画面以长着鸡首和翅膀的马戏团演员为核心，他伸展出去的手臂上挂着钟表——象征着时间的流逝，但也让人感到悲伤、失望，让人联想到政局的动荡（彩色图版 33）。它死气沉沉地挂在那里，酷似萨尔瓦多·达利超现实主义名作《记忆的永恒》（*The Persistence of Memory*，1930 年）里搭在物体上的那些“软成饼似的钟表”。夏加尔可能知道这幅作品，不过两者的创作初衷截然不同，《记忆的永恒》关注的是无序状态或是解构，而并非个人神话。变戏法的人（单腿站立着，另一只腿举到脖子上——马戏团主题的标志性姿势）周围是画家儿时维捷布斯克熟悉的场景——小木屋、木栅栏、树木，弹奏着忧伤曲调的小提琴手。舞台上方的演员在空中来回荡着秋千——土地与天空出现一个漩涡，卷入其中的人与事似乎都变得朦胧而模糊，像是一本重新书写的羊皮书卷，只不过画面想要表达的意义最终有所保留。

Chagall
Marc 1943

36

在她周围

Around Her

1945 年；布上油彩；130cm×109.7cm；国家现代艺术博物馆，蓬皮杜艺术中心，巴黎

1944 年夏末，就在巴黎宣告解放不久，贝拉因感染病毒猝然离世。正要为巴黎欢欣雀跃的夏加尔伤心极了，几乎 9 个月的时间里，他无心作画，更别说按他俩原先计划重返法国了。不过他帮助女儿翻译了法文版的《点亮的灯》(*Burning Lights*)，这是贝拉的自传体作品，讲述了她在维捷布斯克的童年，她周围有很多亲密的朋友，接受的是犹太教仪式与传统的管束。1933 年，贝拉去波兰旅行之后，首次以母语意第绪语开始创作，让人们警惕德国境外法西斯的威胁。与以往不同的是，她非常快地写完了书，就好像知道自己不久之后即将离世一样。夏加尔稍稍恢复后又开始了创作，他将巨幅画布《马戏团团员》(*Circus People*)，一剪为二，画了两幅新画。右手边的一幅为《婚礼蜡烛》(*Wedding Candles*，1945 年)，左手边这幅《在她周围》是最先着手创作的。虽然早期作品中绝大多数的原有特征在这幅画中被保留了下来，但画面情绪明显发生了改变。轻松愉快的马戏团奇幻意象转变为对贝拉的悼念，她萦绕于脑海，挥之不去——画面上充满了两人相互厮守爱恋的记忆。贝拉哭泣着，斜倚在让自己魂牵梦绕的景象旁——那是维捷布斯克的美景，弯弯的月亮投下了白光，它就在水晶球或是杂技演员拉动的大魔法圈里。夏加尔出现在画架前，手中拿着画板，脑袋倒了过来——倒置是其作品的一大特征，无论这些作品是反映内心的混乱，还是带有幻想的色彩。在夏加尔早期画作中，出现过一个茶炊和点燃的蜡烛直立着的图像，而这幅画中，一只小鸟展开双翅，伸出人形手，手中握着一根蜡烛进行悼念。同样，躲入树荫怀中的新婚夫妇漂浮着、做着梦，他们摆脱了重力的影响（带有早期作品痕迹），两人的恬静愉快让人想起 20 世纪 20 年代末的一系列以恋人与花朵为主题的作品（彩色图版 27），这一主题源自贝拉在《生日》（彩色图版 20）中拿着小小的花束，表达着对爱的呼唤与致敬，这份爱一直激励着夏加尔，直到他 1985 年离世。

CHAGALL

37

城市之魂

The Soul of the City

1945 年；布上油彩；107cm×81.5cm；国家现代艺术博物馆，蓬皮杜艺术中心，巴黎

战争结束了，夏加尔却发现自己无心庆祝。贝拉去世了，维捷布斯克已成废墟，欧洲传来令人毛骨悚然的消息，成千上万无辜的人被血腥屠杀，夏加尔很是震惊。1938 年之后的许多作品都反映出了他这种持续不断、极度痛苦的情绪（彩色图版 32）。被钉在十字架上的形象是这类作品一个鲜明的特征，虽然之后夏加尔开始接受一般教堂和大教堂的作品委托时，他的感受可能有所改变，但毫无疑问，在这一刻，十字架上的人物并非作为救赎的标志象征基督受难，而是犹太人在受迫害的十字架上殉难（图 15、17）。夏加尔一生对动物和自然界有着强烈的共情，他信仰万物皆有灵，认为就算是无生命的东西也有着活生生的灵魂，这种信念自始至终贯穿在他的作品之中；他将这幅画命名为《城市之魂》，可能不仅是在表达自己得知维捷布斯克命运时的不知所措、悲痛欲绝，同时他也试着以某种奇特的方式，使其跃然画布之上，试图"拯救"垂死的城市之魂，"躲避伤害"——他在《我的生活》中描述大屠杀时就已表达过这种情绪。随处可见的涂抹颜色只是用以强调作品的调性，整幅作品看上去似乎不是用油彩，而是由尘土构成的。长着双面脸的艺术家（夏加尔）指着摆放着十字架作品的画架，一辆飞翔的马车或是雪橇出现在屋顶和木屋上方，这些木屋在夏加尔的早期作品中极为常见。装有红色帷幕、上面刻有狮子纹章的圣约柜漂浮着为贝拉守灵，贝拉动作优雅地从空中穿过，形体虚幻缥缈，犹如幽灵，她的婚纱（或是寿衣）映衬着远处烟囱里升起的袅袅青烟。一个抱着公鸡的女人看上去让人费解，更为已经很复杂的画作增添了神秘感。对于夏加尔来说，不幸中的幸运是他在 1945 年受托创作斯特拉文斯基《火鸟》布景服装时，遇见了弗吉尼亚・哈格德・麦克尼尔。他们的相遇为夏加尔的生活和工作带来了色彩与活力。尽管实际上，他仍然时常"在欢愉的幻想与悲惨的记忆间切换"。1946 年 7 月，他在诗歌《我的故乡》中，再次描述了构成《城市之魂》基调的情绪：

只有那片土地属于我，
我的灵魂就在那里。
土生土长的我，
无需任何证件，
来到那片土地。

土地看穿我的忧伤
与孤独，
它让我昏昏睡，
用香气芬芳的岩石拥抱着我。

Marc
Chagall
1945

38

举着太阳伞的母牛

Cow with Parasol

1946 年；布上油彩；77.5cm×106cm；理查德·S·泽斯勒收藏，纽约

夏加尔的创作不拘泥于逻辑上是否合理，他的作品里始终充满智慧与想象力。这些画作，既有着深刻、严肃、引人深思的一面，同时也成为反映梦境与幻象世界的典范，在人们心中引起共鸣，得到了广泛认可。他早期具有魔幻色彩的作品《给俄国、驴和其他》（彩色图版7）曾于 1941 年和 1946 年在纽约展出，可能在他创作《举着太阳伞的母牛》时，还清晰地记得前者，因为在这两幅画中，都有具备超凡先知能力的母牛（反哺母亲的象征）给她的幼崽喂奶，晃晃悠悠地站在维捷布斯克的屋顶上。不同的是，在这幅黄昏笼罩的奇幻情景中，母牛（它的尾巴向上一扫，出现我们所熟悉的新娘与新郎主题）目标明确地向前大步走着，脚底踩着小丑，“举着”太阳伞遮挡烈日骄阳的动作则增加了该形象的荒诞感。正如画家早期有关俄国农民生活的素描作品一样，夏加尔在去过墨西哥之后重新燃起对民间艺术的兴趣，《举着太阳伞的母牛》就是例证——作品忽视了地心引力，抛弃了严肃性，摆脱了大众逻辑。狂热、富有异域色彩的想象再次在维捷布斯克降临，夏加尔的想象与灵感源泉永不枯竭。

39

坠落的天使

The Falling Angel

1922—1933—1947 年；布上油彩；148cm×265cm；
巴塞尔艺术博物馆

1922 年夏加尔开始创作这幅巨幅作品，1933 年继续创作，1941 年他与贝拉逃离纳粹占领的巴黎时，他带着这幅画流亡，最终作品于 1947 年完成。同毕加索对不设防的西班牙巴斯克小镇格尔尼卡在 1937 年遭遇狂轰滥炸表达猛烈抗议时运用的个人神话与图像志一样，《坠落的天使》的终稿里包含着夏加尔对降临在欧洲和犹太人民身上的巨大灾难的强烈回应。夏加尔早期作品中出现的有关流亡与死亡的情景重现，而全新形象——有着恶魔身影的天使，身红如焰，在画面中呈对角线方向划过暗黑的天空，突然间跌落至地面。这次坠落似乎与约翰·弥尔顿《失乐园》(*Paradise Lost*) 里陷入地狱的场景相似。撒旦“在天界发动邪恶战争”与“上帝的宝座和权力”相向，“全身冒着火焰，从缥缈的天空猛然冲了下来 / 可怕的毁灭与火焰降临 / 跌进深不见底的地狱……”。在这片“悲伤的境地……”，他与“令人讨厌的家伙”发现自己身处一个“安宁与和平绝不在那儿停留的地方 / 希望无所不到，唯独不到这里……”战后，人们深刻意识到战争的恐怖开始蔓延，许多人相信地狱来到人间，而上帝对这个世界背过身去。大地如弥尔顿描绘的地狱般“离开天神和天界的亮光 / 相当于天极到中心的三倍那么远”。与照耀着世界末日场景的月光形成映射的那唯一一根蜡烛燃烧着，它发出的光芒是否意味着救赎还有可能，还要由每个人自行评判。对于夏加尔来说，这幅画可能是对 1944 年 9 月妻子突然离世的悼念，也可能是对战争时期作品的有力总结，其成了夏加尔所有作品中具有深远影响的一幅——标志着美国流亡的结束。

40

红屋顶

Red Roofs

1953 年；纸上油彩，裱于布上；230cm×213cm；
国家现代艺术博物馆，蓬皮杜艺术中心，巴黎

图 39
阿尔弗雷德·诺伊曼摄
夏加尔起居室，挂有《红屋顶》

约 1975 年；阿尔弗雷德·诺伊曼与伊姆加德·诺伊曼照片集；伦敦犹太学院

1948 年 8 月夏加尔重返法国时，他已经是位著名的艺术家了，全世界博物馆、美术馆展览邀约纷至沓来——他在 20 世纪艺术界领军人物中占有一席之地。1910 年至 1914 年期间，夏加尔已然将巴黎视为自己的“第二个维捷布斯克”，在美国的日子里，他经常梦见这个地方。他说，“……发现了这个地方，丰富多彩的新生活……战争、苦难，这一切唤醒了我，成为我思想和生活的框架体系。不过这些只对于有根之人才有可能。既保留自己的根本，又找到另一片土地，那是真正的奇迹。”对于夏加尔而言，这片新土地就是法国，就是巴黎这座城市，维捷布斯克在战争的摧残下沦为废墟，他与往昔岁月间深厚的心理联结被割断——剩下的只有记忆了。夏加尔开始创作大幅作品“巴黎系列”，以庆祝自己重返巴黎。不过，在诸如《七个手指的自画像》（彩色图版 13）的较早期作品中，两座城市均出现在了画布上。这些作品中尺寸最大的《红屋顶》中的巴黎元素最少，其中包含着画家对儿时经历的许多回忆：最左端（在象征维捷布斯克的大片斜线红色区域内）人物形象都是小小的，一户人家的木屋上挂着我们所熟知的壁钟，巴黎圣母院与流动的塞纳河在画家缥缈的梦境意象之上，这一点从维捷布斯克透明状的屋顶上可窥见一斑；而下方白色的雪地上是两个看似奇异的人物——年轻的夏加尔与他如幽灵鬼影般倒置的新娘贝拉晃悠悠地站着，他将一束花递到艺术家（也是夏加尔本人）面前，而艺术家相应地赠出调色板与画笔。在一轮明月的映衬之下，我们所熟悉的犹太人拿着妥拉经卷观望着、等待着。维捷布斯克这块土地（记忆里的世界）好像被“交了出去”，就好像为过去找到了现在，为旧的根找到了新的沃土，所发生的这一切奇妙之事变得如此清晰可察。

41

塞纳河上的桥

Bridges over the Seine

1954 年；布上油彩；111.5cm×163.5cm；汉堡美术馆

这幅作品是 20 世纪 50 年代夏加尔一直专注的“巴黎系列”中的一幅。不像早期《红屋顶》（彩色图版 40）中充斥着对维捷布斯克思乡之情层层叠加的处理方式，《塞纳河上的桥》聚焦于巴黎的塔楼、教堂和桥——天空的光影犹如魔法一般梦幻，巴黎这座城像斜卧的恋人一般静静安睡。《坠落的天使》（彩色图版 39）中俯身冲向地狱的人物在这里化身为长着淡紫色和蓝色羽毛的鸟，在它的羽翼之下，母亲和孩子依偎着——这名女子身着火焰般亮丽的裙子以抛物线的轨迹突然升高，相反，这只鸟动作温和地向下飞去。鲜明的着色与笼罩城市上空的蓝绿色形成对比，让人想起阿波利奈尔对夏加尔的赞赏：“天赋异禀的色彩大师，听从自己每一个神秘的、来自异教徒梦幻的创意”。而夏加尔成为人尽皆知的知名“色彩魔术师”却是在创作了具有深远影响的《阿列科》（彩色图版 34）和《火鸟》（1945 年）之后。夏加尔呼应了康定斯基“颜色直接影响到人的灵魂”的信仰，在这种信仰的探索中，在色彩的剧烈转变中（强烈的、热烈的、非自然的、形式独立的），夏加尔确立了返回巴黎定居之后的艺术方向，受国际名流永不知足的需求所操控。

42

摩西受十诫

Moses Receing the Tablets of the Law

1956—1958 年；布上油彩；236cm×234cm；夏加尔博物馆，尼斯

图 40
摩西怒摔十诫

蚀刻版画；
29.4cm×23.1cm；
《圣经》插图 36，巴黎，
帖喜雅德，1956 年；
105 蚀刻版画，
1931—1939 年，
1952—1956 年

20 世纪 50 年代，夏加尔开始尝试彩绘玻璃、雕塑和陶瓷。同创作版画作品一样，他开始以系列作品的角度思考自己的彩绘画。沃拉尔的继任者帖喜雅德宣布打算出版《圣经》，里面有夏加尔自 20 世纪 30 年代起就开始着手创作的插图，这条消息连同 1951 年回访以色列前身一起，重新引起了夏加尔的兴趣。夏加尔计划以《旧约》（他相信“它是有史以来诗歌创作的最大源泉”，在童年时期就对他产生了最为深远的影响，而这一影响贯穿他的一生）为基础构思一系列宏伟的画作。20 世纪 50 年代，夏加尔对这个项目投入的热情与专注，促使了尼斯夏加尔博物馆的成立——对艺术家和艺术家信仰的永恒纪念，他相信无论是信奉哪种宗教，当被色彩、光线（博物馆的空间静谧而神圣）围绕时，任何人都将体验到“爱”与深层次的精神满足。夏加尔尝试将《旧约》可视化，使他重新进入西方艺术主流传统，虽然他的图像志独特而富有原创性，明显为我们所熟知的《圣经》意象带来了“夏加尔式”的维度。实际上，夏加尔作为一位 20 世纪，而不是中世纪或文艺复兴时期艺术家，没必要遵循任何预设的诠释规则，摆脱了这种束缚的他可以任由想象力发挥。受到埃尔·格列柯启发创作的《摩西怒摔十诫》（图 40）情感强烈，但并没有收录到系列作品中，与之相媲美的《摩西受十诫》则与其他 16 件宏伟作品一起成了主要的捐赠品。据夏加尔的传记作者弗朗兹·迈耶称，夏加尔相信摩西是犹太人命运多舛、危机四伏的化身——“是一切的源泉，即使是基督也由此发源”。他不仅是位神话人物（一位有着令人敬畏的非凡责任心的先人），他还不间断地与上帝对话，因而起到了传递和诠释“戒条”的独特作用。这幅画描绘了上帝将十诫传递给摩西的时刻，上帝的双手藏在风暴云之后，而摩西摇摇欲坠地蹲在西奈山山顶上。摩西伸手划过天空，他敬畏的神态与画面下方人们的表情形成映衬，远处可瞥见噩兆将至，不那么虔诚的人已经准备去膜拜金牛犊了。乌云背后散出的炫目天神之光照亮了整幅画——这束光再次申明了夏加尔的信仰：摩西是“一切的源泉”，摆脱了这些不利的荒芜环境，人类伦理史上最重要的事件就此诞生了。

43

雅歌Ⅳ

Song of Songs Ⅳ

1958 年；布上油彩；145cm×211cm；夏加尔博物馆，尼斯

遇见我所爱的
我拉住他，不容他走
《雅歌》Ⅲ，第 4 节

《雅歌》，又称《所罗门之歌》，是浩瀚世界文学里一卷最为伟大的爱的赞美诗，夏加尔自然而然选择它作为系列作品主题来表达对贝拉的追思。与夏加尔捐赠给夏加尔博物馆的其他作品不同的是，这一系列作品并没有像早期《圣经》蚀刻版画那样的构思，与《圣经》文本也无密切相关，只是纯粹的"爱"（肉体感官的爱、来自天堂的爱、亲密的爱、广博的爱）。从这个意义上来讲，"爱"是作品的第一主题。系列作品由五幅油画组成，每一幅都用各种红色色调填充画面空间，包含飞行的人物等常见母题，它们同任何手写体一样成了"夏加尔式"的特色标签。以后的几年里，夏加尔创作的作品数量，从某种程度上来说，远远超出其作品概念的拓展，这就导致某些作品看起来似乎虚饰过度和重复了；而这五幅油画中结构最为有序的《雅歌Ⅳ》并没有这个问题：长着一只翅膀的飞马（也许是珀伽索斯）与恋人一起在火红的天空中翱翔，这一形象让人沉醉与着迷，让人期待读到雅歌的词句描述。所罗门智慧超群，是这卷赞美诗公认的作者，诗卷的标题《雅歌》在希伯来文中意为所有歌曲中最伟大、最优美的——在诗意表达与爱的呈现上均独一无二。这对恋人似乎是交替移动着，所罗门、书拉密（巴勒斯坦北部的一个城镇）的一名妇女、歌唱团（"耶路撒冷的女儿们"）以旋律优美的诗句结构，对伟大的爱、感情与欲望的呼唤，还有在犹太逾越节仪式中被视为上帝对以色列之爱的寓意让人想起夏加尔在《我的生活》里对童年经历的描述。在犹太教堂里他待在亲爱的外祖父身边，外祖父吟诵着祷告，营造出与诵读《雅歌》时一样声音洪亮、迷人的效果：

> 嗡嗡的祷告声下，天空在我看来愈加蓝了。房子在太空里漂浮着。每个行人的样子都很显眼。
>
> 在我身后，他们开始祈祷，而我的外祖父被要求在圣坛前吟诵。他祷告着，悠悠地重复着，然后又重新开始。好像油坊里的一架磨，在我的心中舞动起来！或是像一滴刚采得的蜜滴入我的心田。
>
> 他哭泣时，我想起自己画坏了的草图，思忖着：我将成为一名伟大的艺术家吗？

44

和平

Peace

1964 年；彩绘含铅玻璃窗；3.50m×5.36m；联合国秘书处大楼，纽约

20 世纪 50 年代，夏加尔脑中浮现出一个想法，有没有可能装饰美化未使用的小教堂？于是他开始第一次考虑将彩绘玻璃作为创作媒介。1952 年，他特地到沙特尔大教堂参观，研究哥特式教堂窗户，1956 年他接受第一件含铅玻璃窗画作品委托，是为阿斯的小教堂洗礼堂进行创作。这项得益于其他杰出艺术家（比如马蒂斯、博纳尔、莱热、布拉克和卢奥）贡献的合作项目，标志着夏加尔开始了新的尝试，而他为自己的艺术创作找到了重要而独树一帜的新方向——新宏伟主题的逻辑延伸，让人惊叹的大面积饱和色处理方式以及对《圣经》题材的关注。委托合约接踵而至：梅斯大教堂、耶路撒冷希伯来大学哈达萨医学中心犹太会堂，还有世界各地许多其他大教堂、教堂和公共建筑。进行梅斯大教堂作品委托期间，夏加尔开始像个学徒一样学习彩绘玻璃制作的技术与方法。他在兰斯的杰奎斯·西蒙画室师从查尔斯·马克，两人合作完成将水彩画构想转化为玻璃窗画这一复杂而神秘的过程——实现了德劳内“透明颜色与光线交织产生流动诗歌”的梦想，为其找到了最完美的表达方式。夏加尔出席哈达萨医院玻璃窗揭幕仪式时，他呼吁国家和人民要相互宽容和理解，他说道：“我们这个年代，人们越是为了看清局部而拒绝看到整体，我就越是感到担忧……”也许正是心中抱有这样的想法，1964 年他接受委托为纽约联合国秘书处大楼创作名为“和平”的玻璃窗画，以纪念联合国第二任秘书长达格·哈马舍尔德（Dåg Hammarskjöld），宽容的理念是其概念的内化，而以天蓝色为主导的画面则更强调了这一主题——关于世界未来的和谐，《以赛亚书》第 11 章第 6 节预言道：“豺狼必与绵羊羔同居，豹子与山羊羔同卧；少壮狮子与牛犊并肥畜同群；小孩子要牵引它们。”

45

战争

War

1964—1966 年；布上油彩；163cm×231cm；苏黎世美术馆

在这幅世界末日惨剧与混乱的场景中，战争再次成为焦点，人类为战争付出的代价无法估量。早前夏加尔创作的战争作品是对某个具体冲突的回应，但似乎没有明显原因表明为何他在 20 世纪 60 年代中期选择这一题材，也许可能是因为刚刚为联合国完成《和平》（彩色图版 44）玻璃窗画，他想通过这幅大型作品提醒人们战争的可怖，而和平是多么珍贵和易碎——如果我们没有去呵护它、珍惜它。画中描绘的毁灭之夜，火苗吞噬着木屋，早期作品（《白色的耶稣受难》，彩色图版 32）中经常见到人物挤成一团哭泣着、哀悼着，安抚着伤者，像无依无靠、无家可归的难民一样出发上路了。被皑皑白雪覆盖着的土地上出现一头巨兽（“夏加尔式”的动物，半马半牛），它也许是夏加尔外祖父——里奥兹诺的一个屠户——宰杀的牛，或是《圣经·启示录》上的第四匹马：“……骑在马上的，名字叫作死亡，阴府也随着他。有权柄赐给他们，可以用刀剑、饥荒、死亡、野兽，杀害地上四分之一的人”（《启示录》6：8）。无论夏加尔心中是否有这些想法，这幅作品与史诗、《圣经》相关是毋庸置疑的，尤其是在被钉在十字架上的场景还有摩西这一人物形象——比一般人高，他站在野兽后背上，神情迫切而绝望地劝诫着人们，可他的叫喊声都被风带走了。夏加尔描绘出一个被强权专制与不可抗力量摆布的世界，人类在它面前绵软无力，而一个欢乐美满的结局竟成了例外。

46

音乐的源泉

The Sources of Music

1967 年；布上油彩；10.98m×9.14m；林肯中心大都会歌剧院，纽约

大多数人到了 80 岁早就退休了，80 岁的夏加尔却承接了更多彩绘玻璃、马赛克、挂毯还有大幅壁挂画的作品委托，比如为位于纽约林肯中心的大都会歌剧院创作壁挂画（从之前创作的莫扎特《魔笛》中汲取成功养分）。这是夏加尔在北美完成的一件最为重要的委托作品，他选择以两块巨幅画板（《音乐的源泉》和《音乐的胜利》）来探索音乐世界，其艺术形式与绘画一样，有着冲击感官的震撼力量，“以最为深刻的回忆浸润着灵魂”（高更语）透过这些散发着旧质彩绘玻璃（火焰红色与金黄色）光亮的作品，夏加尔向过去伟大的音乐家和作曲家致敬，这与他在 1963 年接受作品委托，为巴黎歌剧院创作天顶画时抱有的理念一致。《音乐的源泉》以“天使莫扎特”为主导，他漂浮在曼哈顿天际线上空，透明的身体里拥抱着《魔笛》中的人物，还有手握里尔琴的奇特双头人物，分别代表着大卫王与俄耳甫斯。在他们周围围绕着很多小比例尺寸作曲家及他们的作品场景——贝多芬（Beethoven）和《费德里奥》（*Fidelio*）、巴赫（Bach）及圣乐作品、瓦格纳（Wagner）和《特里斯坦与伊索尔德》（*Tristan and Isolde*），以及《罗密欧与朱丽叶》（*Romeo and Juliet*），此外作品还向威尔第（Verdi）表达了敬意。不过我们也发现了许多他一生创作中经常运用的母题：生命之树，飞行的恋人，还有小鸟、马儿和混种生物的动物寓言——没有这些，夏加尔似乎无法完成任何作品。夏加尔之所以能通过色彩与流畅线条实现宏伟主题，源自他对戏剧世界的长期关注——在这个世界里，可以允许（不总是没有批评声）他的想象力任意驰骋，不受约束，在这里，色彩、形式和声音之间的相关性或是精神关联找到其最强烈且和谐的表达。

47

伊卡洛斯的坠落

The Fall of Icarus

1975 年；布上油彩；213cm×198cm；国家现代艺术博物馆，蓬皮杜艺术中心，巴黎

变形是夏加尔艺术创作中最为典型的特征，令人费解的是，在他的一生中，并没有更多借鉴古希腊神话传说（丰富的形象变换来源）来创作作品。1974 年，由夏加尔创作的 82 幅石版画组成的《奥德赛》（*Odyssey*）出版了，这卷荷马的叙事诗表明了这件巨幅作品的主题，作品捕捉到了伊卡洛斯（Icarus）致命一跃的时刻——一则蕴含着“骄者必败”训诫潜台词的故事。伊卡洛斯的父亲代达罗斯（Daedalus）是弥诺陶洛斯（Minotaur）被特修斯杀死之前所住的克里特岛迷宫的建筑师，他渴望从克里特国王米诺斯（Minos）的囚禁岛上逃脱。代达罗斯了解到米诺斯支配着岛屿和海洋，但无法控制天空，于是他仿照鸟的翅膀做了两对飞翼，一排排地打理好羽毛，用线和蜡将它们联结在一起。他边做翅膀，边教导儿子如何飞，告诉孩子要在清醒的时候飞翔，确保把握好方向，在海浪与太阳之间选取中间线路，如果靠太阳太近，热浪会将蜡熔化。伊卡洛斯对这次大冒险激动不已，他忽略了父亲的警告，开始在空中探险——像鸟儿一样飞上飞下。但他飞得太高了，羽毛上的蜡油熔化了，然后他坠海而亡——他既是父亲“上帝般”试图改变自然法则的受害者，又是对自己习得飞行新能力骄傲自负的牺牲品。在神话中，伊卡洛斯跌入海里（这片海现在以他的名字命名），但夏加尔描绘的是，他冲向了我们所熟悉的俄国村庄的土地。村民们涌出来跑到大街上，故事就此展开——一片象征大量热量的粉红色在人群中切出一条路，而不停变幻的天空和浅灰色的太阳暗示着伊卡洛斯可能真的身上带火，他背向太阳，跌落了下来。

48

灰色大马戏团

The Large Grey Circus

1975 年；布上油彩；140cm×120cm；私人收藏

图 41

荡秋千的女人

约 1950 年；水粉；
60cm×47cm；
私人收藏，伦敦

同梦境或诗意遐想一样，马戏团意象也不断出现在夏加尔的作品中——他的想象力源自这一魔幻世界及其子民外来的“他者性”。他第一次迷上马戏团还是在俄国，不过这种最初的迷恋已上升为根深蒂固的信念，即马戏团也是生活的一面镜子——一个充满着欢乐与悲伤的平行宇宙，隐藏在面具和风光的表演之下。与同代人乔治·卢奥（对他来说，马戏团只是悲剧的代表）不一样的是，夏加尔并没有剥去装扮、揭开被困的“灵魂”，而是将装扮视为承载着早期记忆印记的、具有戏剧性的、反现实主义的、有时是讽刺意味的手段——将现实转化为虚幻。20 世纪 20 年代末期，夏加尔花了好几个晚上与沃拉尔待在冬之马戏团，并以此为主题创作了 19 件大幅水粉画（《沃拉尔马戏团》）。在他的一些最重要的作品——尤其是他于 1920 至 1921 年为莫斯科国家犹太剧院创作的壁挂画（图 8），以及画家于 1937 年创作的巨大画作《革命》（彩色图版 31）——中还包含着另一主题，两个主题有着颠覆性的潜台词。然而，夏加尔创作《灰色大马戏团》和《荡秋千的女人》（图 41）时描绘的可能是他脑海中最为重要的虚幻世界。在后一幅画中，纹理丰富、暗灰色色调的土地上，我们所熟悉的马戏团人物好像“穿过黑暗的玻璃”突然出现了，表演者表演魔术时，一束亮光投射在他们身上的亮片与薄纱上。夏加尔画《灰色大马戏团》时将近 90 岁，而这些最终成稿的马戏团形象［另见《盛大游行》（*The Grand Parade*，1979—1980 年）］可以视为其毕生绘画终结的重奏和挽歌。在这幅画里，暗灰色色调的土地上，观众们分排而坐，马戏团成员（音乐家、身着亮丽颜色服装的小丑还有骑马女人）向马戏团表演圆圈中央伸出手臂的人打招呼。在这幅伤感的作品中，夏加尔以年轻人的身份向那些对于他来说代表着人类、体现艺术及其在世界中所处位置相关联的一切致敬。

“彩色艺术经典图书馆”系列书目

按书名汉字笔画排列

凡·高
威廉·乌德 著

马奈
约翰·理查森 著

马格利特
理查德·卡沃科雷西 著

戈雅
恩里克塔·哈里斯 著

卡纳莱托
克里斯托弗·贝克 著

卡拉瓦乔
蒂莫西-威尔逊·史密斯 著

印象主义
马克·鲍威尔-琼斯 著

立体主义
菲利普·库珀 著

西斯莱
理查德·肖恩 著

达·芬奇
派翠西亚·艾米森 著

达利
克里斯托弗·马斯特斯 著

毕加索
罗兰·彭罗斯 著

毕沙罗
克里斯托弗·劳埃德 著

丢勒
马丁·贝利 著

伦勃朗
迈克尔·基特森 著

克里姆特
凯瑟琳·迪恩 著

克利
道格拉斯·霍尔 著

拉斐尔前派
安德列·罗斯 著

罗塞蒂
大卫·罗杰斯 著

图卢兹–劳特累克
爱德华·露西-史密斯 著

庚斯博罗
尼古拉·卡林斯基 著

波普艺术
杰米·詹姆斯 著

勃鲁盖尔
基思·罗伯茨 著

莫奈
约翰·豪斯 著

莫迪里阿尼
道格拉斯·霍尔 著

荷尔拜因
海伦·兰登 著

荷兰绘画
克里斯托弗·布朗 著

夏尔丹
加布里埃尔·诺顿 著

夏加尔
吉尔·鲍伦斯基 著

恩斯特
伊恩·特平 著

透纳
威廉·冈特 著

高更
艾伦·博尼斯 著

席勒
克里斯托弗·肖特 著

浮世绘
杰克·希利尔 著

康斯太勃尔
约翰·桑德兰 著

维米尔
马丁·贝利 著

超现实主义绘画
西蒙·威尔逊 著

博纳尔
朱利安·贝尔 著

惠斯勒
弗朗西丝·斯波尔丁 著

蒙克
约翰·博尔顿·史密斯 著

雷诺阿
威廉·冈特 著

意大利文艺复兴绘画
莎拉·埃利奥特 著

塞尚
凯瑟琳·迪恩 著

德加
基思罗·伯茨 著